Marlene Fritsch (Hg.)

Geborgen in meinem Herzen

Marlene Fritsch (Hg.)

Geborgen in meinem Herzen

Gedanken für Trauernde

Kaufmann Verlag

Für meinen Vater und alle,
die uns für immer fehlen.

Bibliografische Information Der Deutschen Bibliothek

Die Deutsche Bibliothek verzeichnet diese Publikation in der Deutschen Nationalbibliografie; detaillierte bibliografische Daten sind im Internet über http://dnb.ddb.de abrufbar.

1. Auflage 2011
©2011 Verlag Ernst Kaufmann, Lahr

Umschlagabbildung: ©Thorsten Brands, fotolia.com
Druck und Bindung: CPI Books, Ulm
ISBN 978-3-7806-3116-9

Inhalt

Vorwort

„Dein Leid,
Schwester,
verschließt mir
den Mund.
Ein falsches Trostwort,
und deine Einsamkeit
wächst ins Unendliche."

Antje Sabine Naegeli

Der Tod eines geliebten Menschen verändert unser Leben gravierend. Er stößt sowohl uns als Trauernden als auch jene, die uns gerne beistehen möchten, ins Stumme, nimmt uns die Sprache. Es fühlt sich an, als sei die Wirklichkeit nun im wahrsten Sinne des Wortes gespalten: in eine Zeit „davor" und eine Zeit „danach". Nichts ist mehr, wie es war, und es kann auch nie wieder so werden. Angesicht dieser Realität sind Worte oft genau das Falsche, weil sie etwas zur Sprache zu bringen versuchen, was unsagbar oder für unsere Ohren sogar unsäglich ist. „Ein falsches Wort und deine Einsamkeit wächst ins Unendliche" – jeder Trauernde weiß, wovon hier die Rede ist. Nicht immer sind diese Worte aber als billiger Trost gemeint, sondern oft nur der Ausdruck unserer eigenen oder der Hilflosigkeit der Menschen, die Trauernden begegnen. Es ist beinahe egal, was man in einer solchen Situation sagt – es klingt immer banal und falsch. Eine

Umarmung, ein tiefes gemeinsames Schweigen oder Weinen hilft dann oft viel mehr als alle Worte dieser Welt. Zumindest im ersten Moment des Schmerzes.

Und dann, wenn die Beerdigung vorbei ist und die Besuche seltener werden, machen wir uns doch auf die Suche nach Worten – guten Worten, die uns helfen, unsere Trauer zum Ausdruck zu bringen: die Gefühle, mit denen wir kämpfen und die uns oft überfluten, wie die Einsamkeit, die Wut, der Zorn, die Untröstlichkeit; aber auch die Erinnerung, die Liebe und die Hoffnung.

Möge Ihnen dieses Buch wie eine Hand sein, die die Ihre hält, wie eine Umarmung, die Sie tröstet, und wie ein tiefes Schweigen, das Ihren Schmerz versteht und ihre Einsamkeit aushält. Möge es Ihnen helfen, Worte zu finden für das Unsägliche, das Ihnen geschehen ist, und wie eine Muschel den Schmerz einhüllen, bis Sie spüren, dass er zu einer Perle geworden ist.

Marlene Fritsch, im Frühjahr 2011

„Weil nun nichts mehr je wieder gut werden kann"

Wenn ich untröstlich bin

Gerade für jene, die mit uns trauern und von unserem Schmerz betroffen sind, ist es mit das Schwierigste, es einmal auszuhalten, dass es keinen Trost gibt, dass wir als Trauernde untröstlich sind und es auch sein wollen. Welchen Trost sollte es geben, wenn ein Mensch, den wir geliebt haben wie nichts anderes auf der Welt, aus unserem Leben gerissen wird? All die zerplatzen Träume von gemeinsamer Zukunft, vom Leben-Teilen, all die Erinnerungen, die so schrecklich wehtun – was soll es da für einen Trost geben, der nicht zynisch klingt oder billig? Nein: Bevor wir uns trösten können, müssen wir die Trauer und den Schmerz aushalten, sie durchleben. Es gibt viele Bilder für dieses Gefühl, und als Trauernder weiß man, dass es nicht nur Bilder sind, sondern es sich im Innern genauso anfühlt wie Wüste, wie dunkle Nacht, wie offene Wunden, die nicht heilen wollen. Es brennt und schreit in uns, aber oft sind wir nicht fähig, auch nur einen Laut von uns zu geben, der dem Ausdruck verleihen würde.

Das liegt auch daran, dass die Klage – nicht über das schlechte Wetter, den Stress bei der Arbeit oder das Zipperlein am rechten Zeh, sondern die echte Klage – in unserer Gesellschaft keinen Platz hat. Noch in den Psalmen der Bibel gehört es selbstverständlich dazu, dass man sich nicht von vornherein einfach mit dem, was einem widerfährt, einverstanden erklären muss, sondern dass man zweifelt und mit seinem Schicksal hadert, dass man vor Gott klagt und ihn sogar anklagt, weil er zulässt, was uns geschieht. Wir tun uns schwer mit einer solchen Klage umzugehen und wissen nicht, was wir verzweifelten, zu Tode betrübten Menschen sagen sollen, die sich nicht trösten lassen wollen. Doch die Klage ist wichtig für Trauernde und sie gehörte nicht umsonst jahrhundertelang zum Trauerritus dazu. Nur wer durch die Wüste, durch die Hölle der Untröstlichkeit gegangen ist, kann irgendwann das, was geschehen ist, annehmen – und sich auf den Weg machen, um zurück ins Leben zu finden.

Mögen die folgenden Texte Ihrer Klage Worte verleihen, wenn Sie sich stumm und verwundet fühlen. Mögen Sie Ihnen zur Klagemauer werden, wenn niemand da ist, der Ihnen sein Ohr leiht.

johannes 20 vers 13

Manche von uns sind so verzweifelt
daß sie nichts sagen können
daß sie nicht klagen können
sie bleiben stumm
ihr leben lang
gott bitte hör ihre klage
wenn sie vor dem geleerten glas sitzen
sieh ihren schrei in den fahrigen gesten
gott hör du was sie nicht sagen

Manche von uns sind so verzweifelt
daß sie nicht weinen können
sie habens verlernt
sie bleiben trockenen auges
ihr leben lang
gott bitte sieh ihre traurigkeit
vergib ihnen ihre versteinerung
und sammle die ungeweinten tränen

Manche von uns sind so verzweifelt
daß sie noch nie einen engel gesehen haben
sie leben ohne daß jemand sie fragt
frau warum weinst du
sie glauben dir eine geschichte nur halb
und bleiben allein beim weinen
gott bitte schick einen engel
zu fragen warum weinst du
schicke eine von uns zu fragen warum
damit wir alle nicht allein bleiben

vor den gräbern
wo unsere Hoffnungen verscharrt liegen
und lehr uns klagen
und lehr uns weinen
und zeig uns die engel
die schon am grab auf uns warten

Dorothee Sölle

Totenklage

Es führt kein Weg zu den Toten
und es ist kein Trost, der mich hält
ich seh keine Hand vor den Augen
und ich weiß keinen Schritt, der noch zählt

Es führt kein Weg zu den Toten
nur der eine: immer hinab
erinnern ist nah am Vergessen
und ein Grab ist ein Grab ist ein Grab

Es führt kein Weg zu den Toten
doch im Sterben werd ich ihn gehen
ein Blinder im Niemals und Nimmer
doch es heißt, dass die Blinden dann sehn

Lothar Zenetti

Vertrauen in den Abgrund

Wer glaubt, muss allen Dingen gestorben sein,
dem Guten und dem Bösen,
dem Tod und dem Leben,
der Hölle und dem Himmel,
und von Herzen bekennen,
dass er aus eigenen Kräften nichts vermag.
Er sieht nichts, sondern ist der finstere Weg.
Er muss von dem gewissen Ufer dieses Lebens
hinüberspringen in den Abgrund,
da kein Fühlen noch Sehen,
noch Fußen noch Stützen ist.

Martin Luther

Aus der Tiefe

Aus der Tiefe rufe ich, Herr, zu dir.
Herr, höre auf meine Stimme,
lass deine Ohren merken auf die Stimme meines Flehens!
So du Sünden zurechnen willst,
Herr, wer wird bestehen?
Denn bei dir ist die Vergebung, dass man dich fürchte.
Ich harre des Herrn;
meine Seele harret, und ich hoffe auf sein Wort.
Meine Seele wartet auf den Herrn,
mehr als die Wächter auf das Morgenrot.

Psalm 130,1–6

Schlechter Trost

Über alle Gräber wächst zuletzt das Gras,
Alle Wunden heilt die Zeit, ein Trost ist das,
Wohl der schlechteste, den man dir kann erteilen;
Armes Herz, du willst nicht, dass die Wunden heilen.
Etwas hast du noch, solang es schmerzlich brennt;
Das Verschmerzte nur ist tot und abgetrennt.

Friedrich Rückert

Mein Gott, warum hast du mich verlassen?

Mein Gott, mein Gott, warum hast du mich verlassen?
Ich heule; aber meine Hilfe ist fern.
Mein Gott, des Tages rufe ich, so antwortest du nicht;
und des Nachts schweige ich auch nicht.
Aber du bist heilig, der du wohnst
unter dem Lobe Israels.
Unsre Väter hofften auf dich; und da sie hofften,
halfst du ihnen aus.
Zu dir schrien sie und wurden errettet;
sie hofften auf dich und wurden nicht zuschanden.

Auf dich bin ich geworfen von Mutterleib an;
du bist mein Gott von meiner Mutter Schoß an.
Sei nicht ferne von mir, denn Angst ist nahe;
denn es ist hier kein Helfer.

Psalm 22,2–6.11–12

Keiner wartet

Alle müssen sie heim. Nur ich muß nicht müssen.
Keiner wartet, daß ich das Essen ihm richte.
Keiner sagt, komm, setz dich her. Wie bist du müde!
Schneidet mir keiner das Brot.

Keiner weiß, wie ich war mit achtzehn, damals.
Keiner stellt mir den ersten Flieder hin,
Holt mich vom Zug mit dem Schirm.

Ist keiner, dem ich beim Lampenlicht lese,
Was der Chinese vom Witwentum sagt:
„Die Gott liebhat, nimmt er zu sich,
Ehe er ihr den Geliebten nimmt."

Mascha Kaléko

Memento

Vor meinem eignen Tod ist mir nicht bang,
Nur vor dem Tode derer, die mir nah sind.
Wie soll ich leben, wenn sie nicht mehr da sind?

Allein im Nebel tast ich todentlang
Und laß mich willig in das Dunkel treiben.
Das Gehen schmerzt nicht halb so wie das Bleiben.

Der weiß es wohl, dem gleiches widerfuhr;
Und die es trugen, mögen mir vergeben.
Bedenkt: den eignen Tod, den stirbt man nur,
Doch mit dem Tod der andern muß man leben.

Mascha Kaléko

Worttrost

Bei wahrem Leid
schlägt kein Worttrost an,
aber das Kommen,
das Nichtverlassensein erhebt,
und ein einziger Blick, aus dem Liebe spricht,
gibt der Seele Kraft.

Jeremias Gotthelf

Nicht mutig

Die Mutigen wissen
Daß sie nicht auferstehen
Daß kein Fleisch um sie wächst
Am jüngsten Morgen
Daß sie nichts mehr erinnern
Niemandem wiederbegegnen
Daß nichts ihrer wartet
Keine Seligkeit
Keine Folter
Ich
Bin nicht mutig.

Marie Luise Kaschnitz

Tränen

Da tat es mir wohl, vor dir zu weinen,
um sie und für sie, um mich und für mich.
Ich ließ den Tränen, die ich zurückgehalten,
freien Lauf.
Mochten sie fließen, so viel sie wollten.
Ich bettete mein Herz hinein und fand Ruhe
in ihnen.

Aurelius Augustinus

Wiederfinden

Wenn etwas uns fortgenommen wird,
womit wir tief und wunderbar zusammenhängen,
so ist viel von uns selber mit fortgenommen.

Gott aber will, dass wir uns wiederfinden,
reicher um alles Verlorene und vermehrt um
jenen unendlichen Schmerz.

Rainer Maria Rilke

Eisdecke

Du erzähltest, was deine Nachbarn und Kollegen sagten: Du musst vergessen, sagten sie. Du musst dich ablenken. In Urlaub fahren. Du musst Abstand gewinnen, sagten sie. Als hätte das irgendeinen Sinn.

Ich weiß, man bewundert eine Frau, wenn sie Haltung bewahrt, sich beherrscht oder gar ihr Gesicht mit einem Lächeln verschleiert. Denn es ist für die anderen so am einfachsten. Man meint, mit der Trauerfeier sei es überstanden. Dann werde sie schon darüber hinwegkommen. Das ist nicht böse, nur schrecklich ahnungslos. Aber es bedeutet, daß du allein bist.

Da schließt sich etwas wie eine Eisdecke über einem strömenden Wasser.

Du sagst, du wollest jetzt an der Stelle bleiben, an der er dich verlassen hat, an der dunklen Grenze, vor der du seitdem stehst, weil du dort und nirgends sonst die Kraft findest, um weiterzuleben.

Lass es dir nicht ausreden.

Jörg Zink

Ich möchte bei dir sein

Zuzeiten verdunkelt sich
dein Leben.
Wo du auch hinblickst:
Du nimmst nichts wahr
als Nacht.
Du schaust zurück,
und alles ist verfinstert.
Du schaust nach vorn:
nichts als Dunkelheit.
Du empfängst Zeichen der Liebe,
aber du misstraust ihnen.
Die Erfahrung hat dich gelehrt, dass das Licht
zurückkehrt,
und dennoch stehst du da
mit leeren Händen,
wagst nicht zu glauben
an den neuen Morgen,
weißt keinen Gott mehr,
obwohl du ihm begegnet bist.

Gib mir die Hand.
Ich möchte schweigend
bei dir sein
und mit dir warten,
bis die Nacht vorübergeht.

Antje Sabine Naegeli

Trennung bestehen

Diesen Menschen,
an dem mein Herz hängt,
der mir gänzlich unersetzlich ist,
freigeben
für seinen eigenen Weg,
das ist so unsagbar schwer,
mein Gott.
Ein härterer Verlust
hätte mich nicht treffen können.

Diesen Menschen loslassen,
mit dem ich Innerstes teilen konnte,
der mich reich gemacht hat
wie kein anderer,
Schmerzlicheres konnte mir nicht geschehen.
Beraubt fühle ich mich
und grenzenlos verlassen.
Tag und Nacht
quält mich das Heimweh.

Ich weiß nicht,
wie ich es zuwege bringen soll,
die harte Wirklichkeit anzunehmen.
Unfassbar ist mir alles.
Mein Gott, bleibe bei mir.
Lass mich mit meinem Entsetzen
nicht allein.
Lass mich nicht bitter werden,
dass sich unsere Wege getrennt haben,

lass uns

sondern mitten in aller Traurigkeit
dankbar bleiben für das,
was wir einander
für eine begrenzte Zeit sein durften.

Antje Sabine Naegeli

Wohin mit mir?

Wohin
mit meinem Missmut,
meiner Traurigkeit,
meinen täglichen Launen,
die in zärtlichen Armen,
in beruhigenden Worten,
im nächtlichen Beieinandersein
sich aufgelöst haben?
Wohin, mein Gott,
mit mir und meiner Trostlosigkeit?
Wohin, mein Gott,
mit mir und meiner Einsamkeit?
Wohin, mein Gott,
mit den dunklen Abgründen meiner Seele?
Wohin?

Angelika Daiker
Anton Seeberger

Bitte

Wir werden eingetaucht
und mit dem Wasser der Sintflut gewaschen
wir werden durchnäßt
bis auf die Herzhaut

Der Wunsch nach der Landschaft
diesseits der Tränengrenze
taugt nicht
der Wunsch, den Blütenfrühling zu halten
der Wunsch, verschont zu bleiben
taugt nicht

Es taugt die Bitte
daß bei Sonnenaufgang die Taube
den Zweig vom Ölbaum bringe
daß die Frucht so bunt wie die Blüte sei
daß noch die Blätter der Rose am Boden
eine leuchtende Krone bilden

Und daß wir aus der Flut
daß wir aus der Löwengrube und dem feurigen Ofen
immer versehrter und immer heiler
stets von neuem
zu uns selbst
entlassen werden

Hilde Domin

Erinnerung

Noch ist Loslassen Tod
Ewigkeit mit negativem Vorzeichen
alltagsängstlich gegangene Zeit
in zu großen Sandkörnern.

„und es reicht auch noch nicht,
dass man Erinnerungen hat"

Noch wird keine Träne zur Lethe
sondern versiegt als Salzfluss in der Wüste der Sinne
denen ewiges Gedächtnis gegeben ist.

Der Schrei des Verlorenen
verbrennt alle Gleichgültigkeit.

„man muss sie vergessen können,
wenn es viele sind"

Wann gibt uns die Erinnerung frei
endlich den Schritt zu dem Leben zu wagen
dessen bogenfarbiges Bild mit jedem
gestrig gelebten Tag mehr zum Dornenkranz
unseres selbstgewählten Martyriums wird?

„und man muss die große Geduld haben,
zu warten, dass sie wiederkommen"

Leoni Cuore

„Verletzt von den Scherben vergangener Tage"

Wenn Wut, Zorn oder Verzweiflung mich gefangen halten

„Hätte ich doch nur ...", „Wäre ich doch nicht ...", „Ich wollte ihm noch sagen, dass ...", „Warum haben wir uns nicht mehr versöhnt?" – vielleicht kennen Sie diese oder ähnliche quälende Gedanken. Gerade wenn jemand plötzlich gestorben ist, ist so vieles unerledigt geblieben: Nichts war am Ende, es hätte noch so viel zu sagen, zu tun, zu erleben gegeben. Es macht uns wütend, dass wir plötzlich nicht mehr die Möglichkeit haben, etwas in Ordnung zu bringen, um Verzeihung zu bitten oder auch selbst zu verzeihen. Wir spüren den Zorn darüber, dass der andere uns einfach so zurückgelassen hat, uns alleinlässt mit all dem, was jetzt zu tun und zu bewältigen ist. Und oft sind wir nah an der Verzweiflung, weil wir ihm all das nicht mehr mitteilen können, es einfach keinen Weg mehr gibt zu den Toten - außer in unseren Gedanken und Träumen.

Viele Trauernde sind erstaunt darüber, wie heftig diese Gefühle sie überfallen, wie groß der Zorn und die Wut sind, die plötzlich in ihnen aufwallen. Sie verstehen nicht, dass sie all das dem Menschen gegenüber empfinden, den sie doch geliebt haben, und neigen dazu, es zu unterdrücken oder nicht wahrhaben zu wollen. Doch genau wie die Untröstlichkeit und die Einsamkeit sind Wut und Zorn Gefühle, die in ihrer Wucht, mit der sie auftreten, nur mit sehr viel „Gegenenergie" zu unterdrücken sind. Als Trauernde brauchen Sie diese Kraft jedoch an anderer Stelle, und sei es nur, um jeden Morgen aufzustehen und einfach weiterzuleben.

Mögen Ihnen die folgenden Texte helfen, zu schreien und zu toben, zu hadern und Ihrer Verzweiflung über die Ungerechtigkeit des Schicksals Ausdruck zu geben.

Ich hätte …

Ich hätte
weniger Recht haben sollen;
hätte dich weniger korrigieren sollen;
hätte mich an deinem Chaos nicht stören sollen;
hätte keine Pünktlichkeit einfordern sollen;
hätte mich lieber zurücknehmen sollen;
hätte dir dein Unvermögen
nicht zum Vorwurf machen sollen;
hätte nicht Streit vom Zaun brechen sollen;
hätte meine miese Stimmung
nicht an dir auslassen sollen;
hätte dich sanfter erinnern und ermahnen sollen;
hätte dich bewahren sollen vor den Überforderungen,
die du dir selbst angetan hast;
hätte dich warnen sollen vor dem Zuviel;
hätte dich festhalten sollen,
damit du dir nicht selbst durchgehst.
Was bin ich doch für ein unzulänglicher Mensch.
Jetzt, wo ich deine Zuneigung nicht mehr spüre,
schmerzt mich all das Kleinliche

Angelika Daiker
Anton Seeberger

Scherben

Der Tag gestern,
alle Tage und alle Jahre von früher
sind vorbei, begraben in der Zeit.
An ihnen kannst du nichts mehr ändern.

Hat es Scherben gegeben?
Schlepp sie nicht mit dir herum!
Denn sie verletzen dich Tag für Tag,
und zum Schluss kannst du nicht mehr leben.

Es gibt Scherben,
die wirst du los,
wenn du sie Gott in die Hände legst.
Es gibt Scherben,
die kannst du heilen,
wenn du ehrlich vergibst.
Und es gibt Scherben,
die du mit aller Liebe nicht heilen kannst.
Die musst du liegen lassen!

Fang den Tag von heute
nicht mit den Scherben von gestern an.

Phil Bosmans

Zorn

Berry Berenson Perkins, die Frau des verstorbenen Schauspielers Anthony Perkins, ist eine der charmantesten Frauen, die Sie sich vorstellen können. Man fühlt sich bei ihr, da sie Anmut und Stil mit Warmherzigkeit vereint, auf Anhieb wohl. Doch unter dieser sanften Oberfläche verbirgt sich viel Schmerz. Zum Glück hatte sie den Mut, ihren Zorn hinter einer Fassade zu konfrontieren. Sie hatte nie in der Öffentlichkeit von sich gesprochen, doch als ich ihr sagte, dass ich im Begriff sei, ein neues Buch zu schreiben, sagte sie mir: »Ich möchte Ihnen etwas erzählen, weil ich denke, dass es vielleicht eine Hilfe für andere sein könnte.«

Sie bemerkte: „Jeder geht auf andere Weise mit Trauer um. Das Wichtigste ist, dass man darüber spricht und Wege findet, seinen Zorn auszudrücken. So viele Leute sagen: ‚Du musst darüber hinwegkommen, dich mit deinem Zorn auseinandersetzen‘, aber sie haben meine Erfahrungen nicht gemacht. Als eine, die das durchgemacht hat, kann ich Ihnen sagen, es ist eines der schwierigsten Dinge, die es überhaupt gibt.

Ich musste mit der Wirklichkeit zu Rande kommen, dass ich sehr oft einen Zorn hatte – weil niemand da war, der mir half, meine Kinder großzuziehen. Weil ich mit allem alleine fertig werden musste, während mir früher ein Mann zur Seite stand. Ich erkenne jetzt, dass ich einen Zorn auf Tony hatte, weil er uns verlassen hatte. Es war ein unterschwelliger Zorn. Ich merkte, dass ich zornig war, und wusste nicht warum. Ich merkte, dass ich es an meinem Geschirr ausließ oder an mir selbst. Ich hoffe, dass ich das eines Tages ganz loswerden kann. Und ich meine, je mehr man sich mit seinem Zorn auseinandersetzt, desto mehr wird man ihn los. Ich habe Briefe an Tony geschrieben und hart daran gearbeitet, den Zorn rauszulassen und in den Griff zu bekommen.

Es ist auch wichtig, dass man die guten Gefühle für den Betreffenden zum Ausdruck bringt, als Gegengewicht gegen den Zorn und um nicht immer zornig zu sein. Nach Tonys Tod waren wir geschockt und verwirrt. Wir unterdrückten unseren Zorn, der sich in Depression verwandelte. Ich liebte ihn so sehr und wollte ihm keine Schuld an irgendetwas geben, konnte mir aber nicht helfen.

Ich habe so viel über den Zorn gelernt. Ich habe gelernt, dass ich an meinen Zorn gar nicht heran kam. Die meisten Ehepaare erleben von Zeit zu Zeit, dass sie zornig sind. Wir haben nie im Zorn gestritten, wir vermieden das in unserer Familie. Wir wollten nie etwas Gemeines sagen, das den anderen verletzen könnte. Wir gingen sehr nett miteinander um. Wir machten einen Bogen um eine Reihe von Themen, die uns zum Zorn gereizt hätten.

Aber es ist schwer zu vergeben, wenn man sich mit dem Zorn nicht auseinandergesetzt hat. Je mehr man den Zorn loslassen kann, desto besser kann man vergeben."

Elisabeth Kübler-Ross

Verlassen

Wundere dich nicht, dass sich in deine Trauer auch Gefühle von Wut und Zorn mischen: Warum hat er mich verlassen? Er wusste doch, wie schwer es mir fällt, allein durchs Leben zu gehen. Jetzt muss ich mich allein durchkämpfen. Mit den Kindern stehe ich allein da. Die Entscheidungen muss ich allein treffen. Ich hätte ihn doch noch so notwendig gebraucht.

Erschrick nicht vor deinen Gefühlen. In der Trauer musst du deine Beziehung zum Verstorbenen nochmals klären. Und da wird auch manches auftauchen, was nicht ideal war. Lass es zu! Dann kann die Beziehung eine neue Basis bekommen. Lass auch die Verzweiflung zu, die dich manchmal überkommt. Nur sprich sie aus! Sprich darüber mit den Menschen in deiner Nähe, halte sie im Gebet Gott hin. Halte dein verwundetes Herz Gott hin, damit es in Gottes liebender Nähe heil werden kann.

Anselm Grün

Klagen

Dein Beten wird in der Zeit der Trauer oft zur Klage werden. Es wird dir nicht gelingen, wie Hiob zu sagen: „Der Herr hat gegeben, der Herr hat genommen; gelobt sei der Name des Herrn." (Hiob 1,21)

Vielmehr wirst du eher mit Hiob klagen: „Dahin sind meine Tage, zunichte meine Pläne, meine Herzenswünsche. Sie machen mir die Nacht zum Tag, das Licht nähert sich dem Dunkel. Ich habe keine Hoffnung." (Hiob 17,11–13)

Wir haben heute die Klage aus unserem Beten gestrichen. Wir meinen, wir müssten uns sofort in Gottes Willen ergeben, wenn uns ein lieber Mensch entrissen wird. Nein, Gott selbst gibt dem Hiob Recht in seiner Klage. Wir dürfen Gott anklagen: Warum hast du mir das angetan? Was soll das für einen Sinn haben? Habe ich mich nicht alle Tage bemüht, nach deinem Willen zu leben? Und nun das! Hab Mut zu solcher Klage, auch wenn sich deine religiöse Erziehung vielleicht dagegen wehrt. Und wenn du selbst keine Worte für deine Klage findest, dann kannst du mit den Worten beten: „Ich rufe zu Gott, ich schreie, ich rufe zu Gott, bis er mich hört. Am Tag meiner Not suche ich den Herrn; unablässig erhebe ich nachts meine Hände, meine Seele lässt sich nicht trösten. Denke ich an Gott, muss ich seufzen; sinne ich nach, dann will mein Geist verzagen." (Psalm 77,2–4)

Fragen kommen: Was hätte ich noch alles mit ihm besprechen sollen? Hätte ich nicht anders auf ihn eingehen müssen? Habe ich ihn verletzt? Habe ich doch an ihm vorbeigelebt? Was habe ich alles versäumt? Warum bin ich nicht noch einmal auf ihn zugegangen?

Wenn solche bohrenden Fragen in dir auftauchen, dann lass sie zu! Aber hüte dich davor, dich zu entschuldigen. Denn wenn du dich entschuldigen möchtest, müsstest du immer neue Gründe finden, warum du frei von Schuld bist und warum du alles richtig gemacht hast.

Verzichte aber auch darauf, dich zu beschuldigen, dich zu beschimpfen und mit Schuldgefühlen zu zerfleischen. Halte deine Schuld Gott hin und vertraue darauf, dass er dir alles vergibt. (…) Halte dir nicht vor, was du hättest anders machen sollen. Lass es gut sein! Du darfst gewiss sein, dass Gott dir vergeben hat. Du darfst auch darauf vertrauen, dass der Verstorbene dir längst vergeben hat. Er ist jetzt bei Gott, und bei Gott ist er im Frieden. Ihn schmerzt nichts mehr, keine Verletzung, die du ihm zugefügt hast. Bei Gott ist der Verstorbene ganz zu sich gekommen. Er sieht in Gott die Wahrheit deines Lebens und versteht, was war, warum du so gehandelt hast. Er möchte dich an seinem Frieden teilnehmen lassen.

Anselm Grün

Was hilft

Ich will dir sagen, was dir hilft:
Weinen, weil du verlassen bist, denn du bist es.
Weil dir kalt ist. Es ist wirklich kalt.
Weil dir das Weh das Herz zusammenzieht,
mehr, als irgendeiner von uns ermißt.
Du brauchst nicht unter der Eisdecke zu leben.

Schreien. Auch wenn es jemand hört.
Ich verstehe es, wenn du zornig bist
über das Unrecht, das dich getroffen hat.
Wenn du wütend bist auch auf Gott,
der das zugelassen oder gar gewollt hat.
Auch Hiob klagte Gott mit harten Worten an.

Verstummen, wenn du das Gefühl hast,
der andere könne dich nicht verstehen.
Wenn du zu müde bist, zu reden,
oder wenn du dich, auf eine seltsame
und grausame Weise, schuldig fühlst.

Eines Tages wird es nicht mehr so wichtig sein,
zu weinen oder zu schreien. Aber jetzt ist es gut.
Und jetzt soll es dir niemand verwehren.

Jörg Zink

Versöhnung mit Vergangenem

Plötzlich,
während du nichtsahnend
deinen Weg gehst,
überfällt dich Vergangenes
mit Urgewalt.
Längst vergessen Geglaubtes
bricht unwettergleich
über dich herein
und droht,
dich schutzlos findend,
seine Verwüstungen anzurichten.
Nicht die Flucht
rettet dich;
so schnell tragen dich
deine Füße nicht,
dass das Gestern
dich nicht mehr einholte.
Nur da ist Befreiung,
wo einer dazwischentritt
zwischen dich
und das Dunkel
vergangener Tage:
„Friede sei mit dir."
Wenn sein Gruß dich trifft
– und er ist dir bereitet –,
wird dir im Herzen
Versöhnung wachsen
mit dem, was war.
Nicht, dass du begreifst,

aber das Unbegreifliche
wird der Feindschaft
entnommen sein.

Antje Sabine Naegeli

Dunkelheit

In den unterirdischen Gängen meiner Seele,
in den dunkelsten Stunden der Nacht,
sind alle Momente präsent,
in denen wir uns verletzt haben,
in denen wir misstrauisch zueinander waren,
in denen wir nicht um Verzeihung gebeten haben.
Hältst du, Gott, meine Dunkelheit mit mir aus?
Findest du, Gott, ein Wort für das Nichtgesagte?
Kennst du, Gott, einen Ausweg für mich?

Angelika Daiker
Anton Seeberger

Unerträglich

Wenn ich mir selbst
und anderen
unerträglich werde,
sinnlos verletze
mit den Pfeilen scharfer Worte
oder, mich umpanzernd
mit eisigem Schweigen,
lautlos Gift verströme,
mich hinreißen lasse
von der Lust am Zerstören,
dann weißt du allein,
mein Gott,
wie unglückselig
ich bin
und hilflos
vor mir selber.
Dann siehst du allein
mein erschrockenes Herz
und meine Sehnsucht,
dass einer
den Arm um mich legte
und erkannte,
dass ich verzweifelt bin.

Antje Sabine Naegeli

Vergeben

Wir haben uns nicht verabschiedet. Und das Letzte, was wir uns gesagt haben, waren Worte mit scharfen Klingen, die uns beide verletzt haben. Wohin jetzt mit all meiner Wut, die ich noch immer auf dich habe, weil ich glaube, dass du im Unrecht warst? Wohin jetzt mit all meinen Schuldgefühlen, weil ich weiß, dass auch ich Fehler gemacht habe, dass ich anders hätte mit dir sprechen müssen? Es gibt in dieser Welt keine Möglichkeit mehr, uns die Hand zu reichen, einander zu sagen: „Entschuldige, so habe ich es nicht gemeint." Ist das meine „Strafe" dafür, dass ich wütend und vielleicht auch ungerecht zu dir war?

So will ich nicht denken, und ich will auch nicht an einen solchen Gott glauben, der über mein Leben verfügt und mir Strafen auflädt, die mich zur Verzweiflung bringen, weil du nicht mehr da bist, um mir zu vergeben. Ich möchte nicht an einen Gott glauben, der unnachgiebig ist, unversöhnlich, der es nicht zulässt, dass etwas einem von Herzen leidtut und man die Chance bekommt, es wieder gutzumachen, es beim nächsten Mal anders zu machen.

Mein Gott ist einer, der verzeiht, der vergibt, der Neuanfänge möglich macht, einer, der mit den Verzweifelten ist, mit denen, die leiden und trauern. Und dieser Gott macht es möglich, dass ich zu dir ans Grab gehe und dir sage, dass es mir leidtut – auch wenn du nicht in allem recht hattest. Er ist es, der mir bewusst macht, dass ich den Menschen, die ich mag, viel häufiger sagen möchte, dass ich sie liebe, und der mir die Zeit, die ich mit ihnen habe, so kostbar werden lässt. Er ist es, mit dessen Hilfe ich schließlich mir selbst vergeben kann – und plötzlich spüre ich, dass du es längst getan hast.

M. F.

Unvorstellbar

Abgerissene Lebensfäden
liegen wie gekappte Leitungen
in meiner Hand

Was hast du dir dabei gedacht
mich einfach so ohne Nachricht zu lassen
zu gehen, ohne Auf Wiedersehen zu sagen
– auch wenn es die Wahrheit ist

Kein Wort mehr, keine Berührung, keine Geste –
Wie soll ich das begreifen?
Wie mir vorstellen, was das heißt:
Kein Singen morgens im Bad beim Duschen
Keiner, der mich in den Arm nimmt
Nicht mal jemand, dessen Unordnung mich ärgert

Ich höre deine Stimme auf dem Anrufbeantworter
und möchte schreien vor Schmerz.

Leoni Cuore

„Aber die Nächte werden leerer nun"

Wenn ich einsam bin

Jeder ist einmalig – zu keinem anderen Zeitpunkt wird das deutlicher, als wenn ein Mensch stirbt. Sein Tod hinterlässt eine leere Stelle, die niemand anderes ausfüllen kann. Oft ist das eine Wahrheit, die wir jeden Tag ganz hautnah erleben müssen: Der Stuhl am Tisch bleibt leer, der Lieblingssessel am Abend unbenutzt, Schuhe und Kleider liegen an ihrem gewohnten Platz, aber es ist niemand mehr da, der sie trägt. Diese Wirklichkeit ist auch spürbar, wenn man nicht unmittelbar den Alltag geteilt hat.

Gerade wenn man mit einem Menschen lange zusammengelebt hat, ist die Einsamkeit, die man nach seinem Tod spürt, in beinahe jeder Sekunde mit Händen greifbar. Viele haben sogar das Gefühl, dass mit dem Toten auch ein Stück von ihnen selbst gestorben ist, dass sie nie wieder der sein werden, der sie mit ihm waren. Und obwohl es so viele andere gibt, die versuchen, für uns da zu sein, wird uns klar, dass sie am Ende diesen leeren Platz nicht füllen können, dass die Einsamkeit bleibt und wir sie aushalten müssen.

„Es ist nicht gut, dass der Mensch allein ist" – so steht es im ersten Buch der Bibel – und darin spiegelt sich eine Erfahrung, die Menschen teilen, seit es sie gibt: Einsamkeit ist nicht nur schwer zu ertragen, sie kann Menschen sogar krank machen. In der Trauer ist sie jedoch ein weiteres Feuer, durch das wir gehen müssen. Ohne die Einsamkeit ist der Weg zurück zur Gemeinschaft, zu anderen Menschen nicht möglich. Wir müssen unsere Toten vermissen, sonst übertünchen wir nur den Schmerz und verweigern ihnen den Platz, den sie in unseren Herzen finden müssen.

schwere wege

herr
die schwersten wege
gehen wir allein
die einsamkeit im haus
die leere im bett
das frühstück ohne gegenüber
die angst vor der nacht
die last der zeit im alter

wir können nicht anders
als in deine hände legen
was unserem leben entglitt

wir bitten dich nicht
um die leichtigkeit des seins
aus früheren zeiten

nur um menschen
deren nähe erträglich ist
um sanfte worte
die vernarbte wunden ruhen lassen
um frische blumen
die auf gräbern lange blühen

um träume zu jeder zeit
in denen selbst verstorbene
auf ihre weise
zu uns sprechen

Siegfried Eckert

Bleibe bei uns

Bleibe bei uns, Herr, denn es will Abend werden,
und der Tag hat sich geneigt.
Bleibe bei uns und bei allen Menschen.
Bleibe bei uns am Abend des Tages,
am Abend des Lebens, am Abend der Welt.
Bleibe bei uns mit deiner Gnade und Güte,
mit deinem heiligen Wort und Sakrament,
mit deinem Trost und Segen.
Bleibe bei uns, wenn über uns kommt
die Nacht der Trübsal und der Angst,
die Nacht des Zweifels und der Anfechtung,
die Nacht des bitteren Todes.
Bleibe bei uns und bei allen deinen Gläubigen
in Zeit und Ewigkeit. Amen.

Liturgisches Gebet

Ein Leib und eine Seele

Ein Leib und eine Seele, die wir waren,
Kann ich von deinem Tode nicht genesen;
Wie du zerfällst einsam in deinem Grabe,
So fühl ich mich, mein Leben, mit verwesen.

Theodor Storm

Beistand

In den Tiefen, die kein Trost erreicht,
lass doch deine Treue mich erreichen.
In den Nächten, wo der Glaube weicht,
lass nicht deine Gnade von mir weichen.

Auf dem Weg, den keiner mit mir geht,
wenn zum Beten die Gedanken schwinden,
wenn mich kalt die Finsternis umweht,
wollest du in meiner Not mich finden.

Wenn die Seele wie ein irres Licht
flackert zwischen Werden und Vergehen,
wenn es mir an Trost und Rat gebricht,
wollest du an meiner Seite stehen.

Wenn ich deine Hand nicht fassen kann,
nimm die meine du in deine Hände,
nimm dich meiner Seele gnädig an,
führe mich zu einem guten Ende.

Justus Delbrück

Alle Freude nahmst du mit

Fenster, wo ich einst mit dir
Abends in die landschaft sah
Sind nun hell mit fremdem licht.
Pfad noch läuft vom tor wo du
Standest ohne umzuschaun
Dann ins tal hinunterbogst.
Bei der kehr warf nochmals auf
Mond dein bleiches angesicht.
Doch es war zu spät zum ruf.
Dunkel – schweigen – starre luft
Sinkt wie damals um das haus.
Alle freude nahmst du mit.

Stefan George

Letzte Wache

Wie dunkel sind deine Schläfen.
Und deine Hände so schwer.
Bist du schon weit von dannen,
Und hörst mich nicht mehr.

Unter dem flackernden Lichte
Bist du so traurig und alt,
Und deine Lippen sind grausam
In ewiger Starre gekrallt.

Morgen schon ist hier das Schweigen
Und vielleicht in der Luft
Noch das Rascheln von Kränzen
Und ein verwesender Duft.

Aber die Nächte werden
Leerer nun, Jahr um Jahr.
Hier wo dein Haupt lag, und leise
Immer dein Atem war.

Stefan George

Die schwersten Wege

Die schwersten Wege
werden alleine gegangen,
die Enttäuschung, der Verlust
das Opfer
sind einsam.
Selbst der Tote der jedem Ruf antwortet
und sich keiner Bitte versagt
steht uns nicht bei
und sieht zu
ob wir es vermögen.
Die Hände der Lebenden die sich ausstrecken
ohne uns zu erreichen
sind wie die Äste der Bäume im Winter.
Alle Vögel schweigen.
Man hört nur den eigenen Schritt
und den Schritt den der Fuß
noch nicht gegangen ist aber gehen wird.
Stehenbleiben und sich umdrehn
hilft nicht. Es muß
gegangen sein.

Nimm eine Kerze in die Hand
wie in den Katakomben
das kleine Licht atmet kaum.
Und doch wenn du lange gegangen bist
bleibt das Wunder nicht aus
weil das Wunder immer geschieht
und weil wir ohne Gnade
nicht leben können:

die Kerze wird hell vom freien Atem des Tags
du bläst sie lächelnd aus
wenn du in die Sonne trittst
und unter den blühenden Gärten
die Stadt vor dir liegt
und in deinem Haus
dir der Tisch weiß gedeckt ist.
Und die verlierbaren Lebenden
und die unverlierbaren Toten
dir das Brot brechen und den Wein reichen –
und du ihre Stimme wieder hörst
ganz nahe
bei deinem Herzen.

Hilde Domin

Orpheus

Wenn sanfte Hand Träume und Schönheit
das Fliegen lehrte,
konnte der Wind ihres Flügelschlags
die dunklen Saiten der kleinen Harfe zum Klingen
bringen,
die, das alte Lied längst kennend,
zum ersten Mal dem ihr eigenen Ton Augen verlieh,
um sich im sehnsüchtigen Spiegelabgrund
zu betrachten,
auf dessen Talsohle du mit gebrochenen Flügeln
längst zu warten schienst.

In der geborstenen Leier aus der Zorn, Melancholie
und Zartheit
langsam im Boden versickern,
macht sich Gewohnheit breit
und versucht, mit klebrig dicken Fäden
die Saiten zu ersetzen,
die du wie Spinnweben
in das noch weiche Metall gewoben hattest.

Wieder hattest du dich umgedreht. Jedoch nicht
aus liebender Ungeduld, sondern aus der
Unsicherheit
deines Schrittes und aus der Angst, ein Stück
des Weges mit ihr gehen zu müssen, in deren
lächelnden und trauerlosen Augen du die Welt
zu erblicken fürchtetest, in der Glück
keine Beichte fordert.

War sie erst nah, so verlor dein erkämpfter Schmerz
seine schützende Bedeutung.
Die Klage nahm dir das Augenlicht.

Allein wagst du den Abstieg in deine Abgründe,
in deren Schluchten kein Fluss vorwärtsdrängt,
der durch sein Wasser den Keim der Erinnerung
in Vergessenheit erblühen lassen könnte.
Du kehrst zurück an den See: Im ruhigen
glasklaren Wasser liegt am Boden das Bild,
bei dessen spiegelnder Betrachtung
du schließlich bereit bist
aufzugeben.

Leoni Cuore

Oft denk' ich …

Oft denk' ich, sie sind nur ausgegangen,
Bald werden sie wieder nach Hause gelangen,
Der Tag ist schön, o sei nicht bang,
Sie machen nur einen weiten Gang.

Jawohl, sie sind nur ausgegangen,
Und werden jetzt nach Hause gelangen;
O sei nicht bang, der Tag ist schön,
Sie machen nur den Gang zu jenen Höh'n.

Sie sind uns nur vorausgegangen,
Und werden nicht hier nach Haus verlangen,
Wir holen sie ein auf jenen Höh'n
Im Sonnenschein, der Tag ist schön.

Friedrich Rückert

Verlorenes Du

Wie viele
verplemperte Tage
stumme Abende
schweigende Mahlzeiten

jetzt schweigt nichts mehr in mir
aber ich habe keine Worte
für das, was ich fühle

Am schlimmsten ist das Alltägliche
deine Schuhe, die keine neuen Sohlen mehr brauchen
deine Brille, die du nicht mehr suchen musst

und dein Parfum duftet nach Sehnsucht und meinem
verlorenen Du

Leoni Cuore

Ausgesetzt auf den Bergen des Herzens.
Siehe, wie klein dort,
siehe: die letzte Ortschaft der Worte, und höher,
aber wie klein auch, noch ein letztes
Gehöft von Gefühl. Erkennst du's?
Ausgesetzt auf den Bergen des Herzens. Steingrund
unter den Händen. Hier blüht wohl
einiges auf; aus stummem Absturz
blüht ein unwissendes Kraut singend hervor.
Aber der Wissende? Ach, der zu wissen begann
und schweigt nun, ausgesetzt auf den
Bergen des Herzens.
Da geht wohl, heilen Bewusstseins,
manches umher, manches gesicherte Bergtier,
wechselt und weilt. Und der große geborgene Vogel
kreist um den Gipfel reine Verweigerung. – Aber
ungeborgen, hier auf den Bergen des Herzens …

Rainer Maria Rilke

Wo bist du

Wo bist Du
Engel
mit dem Lächeln
im Gesicht
das Nasenspitzen
Herz und Hände
wärmt
und klammen Gedanken
wieder Flügel schenkt
Dein Blick
hebt
den Schleier der Dunkelheit
die kein Ende kennt
und weiß
um den Weg
zum Licht
das in der Tiefe
der Seele brennt.

Isabella Schneider

Information für Gäste

Es gibt keine Hausordnung, keinen Schlüssel.
Aus Einsamkeit ist die Herberge gebaut.
Vielleicht kann ich dir ein paar Sorgen abnehmen,
vielleicht ein paar Worte aufgehn lassen.

Stoß dich nicht an den Steinen im Garten,
jeder, der ging, ließ einen zurück.
Die Blumen pflanz ich behutsam dazwischen.

Nicht AUF WIEDERSEHEN, nur LEBWOHL,
WILLKOMMEN
steht an der offenen Tür.

Christine Busta

Wie eine Mutter

Wenn wir uns einsam
und verlassen fühlen,
fern von Menschen unsere eigenen,
schweren Wege gehen,
die niemand mit uns geht,
spricht die Natur zu uns:
Die Schneeflocken fallen
zärtlich, tröstlich auf uns nieder,
der Wind umarmt und liebkost,
die Sonne legt sich wie eine gute,
warme Hand auf uns,
die Dunkelheit nimmt
uns ans Herz,
verbirgt und schützt uns
wie eine Mutter.

Helene Böhlau

Ich liege wie von Einsamkeit betrunken,
Die Ufer aller Welt sind rings versunken.
Ich sehe kaum hinaus vor meine Tür,
Das Draußen ich noch kaum am Leibe spür'.
Ich höre nur die Sehnsucht suchend streichen
Und auf den Zehen durch die Zimmer schleichen,
Sie kann durchs Ferne und durchs Nahe gehen
Und lässt nicht einen Augenblick stillstehen.
Sie muss mit Raubtiernüstern unstet wittern
Und reibt sich ruhelos an harten Gittern.
Ich seh' ihr Auge um mich mordend funkeln
Und spür' noch ihren Hungergang im Dunkeln.

Max Dauthendey

„Geborgen in meinem Herzen"

Erinnerung – ein Schatz, den mir keiner nehmen kann

Der Tod eines lieben Menschen scheint uns zunächst alles zu nehmen: die Freude, das Leben, wie es bisher war, das, was wir geliebt haben, das Gespräch, den Austausch, die Freundschaft mit dem Toten. Und wenn der Verlust ganz frisch ist, wünscht man sich oft nichts mehr, als den Kopf abschalten zu können und die Erinnerungen auszustellen, weil sie schmerzen wie eine tiefe Wunde. Bei jeder Erinnerung wird uns klar, dass die Zeit, in der wir das Erinnerte erlebt haben, endgültig vorbei ist und dass wir so nie wieder mit dem Verstorbenen reden, lachen, streiten, leben können.

Schon nach kurzer Zeit aber werden die Erinnerungen kostbar wie ein Schatz. Dietrich Bonhoeffer fasst es in deutlichere Worte: „Die Erinnerung ist das einzige Paradies, aus dem wir nicht vertrieben werden können." Sie ist das Einzige, was uns vom Verstorbenen wirklich bleibt, was uns keiner nehmen kann. Die Erinnerung schmerzt und ein „Stachel" wird wahrscheinlich immer darin sitzen, auch wenn der Tod schon viele Jahre zurückliegt, aber wir können uns auch freuen über die Erinnerung an den Menschen, mit dem wir so viele gute Tage geteilt haben.

Ich wünsche Ihnen, dass die folgenden Texte Ihre Erinnerungen wiederbringen und Ihnen dabei helfen können, so manchen „Schatz" zu heben. Vielleicht haben Sie auch Lust, mit anderen gemeinsam zu überlegen: „Weißt du noch …" Sie werden staunen, was manchem im Gedächtnis geblieben ist. Und nicht zuletzt spüren Sie vielleicht: Erinnerungen verbinden nicht nur mit dem Toten, sondern auch mit den Lebenden – und das ist in Zeiten der Trauer eine ungeahnt tiefe Quelle, aus der wir Kraft schöpfen können.

Paradies

Hinter harten Plagen,
hinter grauen Tagen,
hinter rauen Klagen,
hinter hohen Mauern,
hinter mir,
glückbesonnt, glückumstrahlt, glückdurchwonnt,
trostlabend
liegt ein, träumt ein,
lacht ein
Paradies!

Arno Holz

Motto

Das ist die Sehnsucht: wohnen im Gewoge
und keine Heimat haben in der Zeit.
Und das sind Wünsche: leise Dialoge
täglicher Stunden mit der Ewigkeit.

Und das ist Leben. Bis aus einem Gestern
die einsamste Stunde steigt,
die, anders lächelnd als die andern Schwestern,
dem Ewigen entgegenschweigt.

Rainer Maria Rilke

Am Jahrestag

Heut ist's ein Jahr, dass man hinaus dich trug,
Hin durch die Gasse ging der lange Zug,
Die Sonne schien, es schwiegen Hast und Lärmen,
Die Tauben stiegen auf in ganzen Schwärmen.
Und rings der Felder herbstlich buntes Kleid,
Es nahm dem Trauerzuge fast sein Leid,
Ein Flüstern klang mit ein in den Choral,
Nun aber schwieg's, – wir hielten am Portal.

Der Zug bog ein, da war das frische Grab,
Wir nächsten beide sahen still hinab,
Der Geistliche, des Tages letztes Licht
Umleuchtete sein freundlich ernst Gesicht,
Und als er nun die Abschiedsworte sprach,
Da sank der Sarg und Blumen fielen nach,
Spätrosen, rot und weiße, weiße Malven
Und mit den Blumen fielen die drei Salven.

Das klang so frisch in unser Ohr und Herz,
Hinschwand das Leid uns, aller Gram und Schmerz,
Das Leben, war dir's wenig, war dir's viel?
Ich weiß das eine nur, du bist am Ziel,
In Blumen durftest du gebettet werden,
Du hast die Ruh nun, Erde wird zu Erden,
Und kommt die Stund' uns, dir uns anzureihn,
So lass die Stunde, Gott, wie diese sein.

Theodor Fontane

Du bist ein Schatten am Tage

Du bist ein Schatten am Tage
Und in der Nacht ein Licht;
Du lebst in meiner Klage
Und stirbst im Herzen nicht.

Wo ich mein Zelt aufschlage,
Da wohnst du bei mir dicht;
Du bist mein Schatten am Tage
Und in der Nacht mein Licht.

Wo ich auch nach dir frage,
Find' ich von dir Bericht,
Du lebst in meiner Klage
Und stirbst im Herzen nicht.

Du bist ein Schatten am Tage,
Doch in der Nacht ein Licht;
Du lebst in meiner Klage
Und stirbst im Herzen nicht.

Friedrich Rückert

Weißt du noch?

Es ist gut,
immer wieder Erinnerungen aufzusuchen,
mit anderen zusammen alte Geschichten auszugraben.
Fragen: Weißt du noch? Bilder auszukramen.

Das ist gut: sich erinnern,
dankbar für viel Schönes,
Freundliches und Schmerzliches auch,
das man gedacht hat, erlebt und empfunden.
Erinnern hilft uns, zu sehen,
aus welcher Vergangenheit wir kommen,
und dann den Weg zu suchen, der weiterführt.

Denn wenn früher so viel gütige Führung war,
sollten wir ihr nicht auch künftig vertrauen?
Wenn die fröhliche, gesunde Kraft von früher
freundliche Gabe Gottes war,
sollte dann nicht auch künftig eine Quelle sein,
aus der Kraft kommt?

Vielleicht macht dir das Erinnern noch Mühe,
aber sicher wird dir im dankbaren Verweilen
das Schreckliche weniger unerträglich sein.

Jörg Zink

Hoffnung

Einen Kreis ziehen
weit
um all das
was war
und verloren ging
Ein Tag
wird kommen
der zusammenliest
Frucht und Schale
In seinen Händen
rundet sich
das Licht.

Isabella Schneider

Was ich nicht vergessen will

Mir sind diese Novembertage, die noch in unseren
Kalendern stehen und Namen wie Volkstrauer, Buße,
Gebet, Totensonntag haben, wichtig. Sie machen
mich erinnern. Sie schicken mich, wenigstens inner-
lich, auf den Friedhof. Sie machen mir bewusst: Ich
habe mir das Leben nicht selbst gegeben. In den Mantel meines Lebens ist hineingewoben all die Zuneigung und Zärtlichkeit der Menschen, die nicht mehr
hier sind und an die ich mich erinnere. Ich muss nicht
anfangen mit dem Leben und alles als Erste tun, ich
muss auch nicht alles fertig bringen, was ich gern mit

meinem Leben getan hätte. Ich kann fragmentarisch leben, wie das Leben meiner Toten Fragment gewesen ist. Sie lehren mich etwas, was ich nicht vergessen will, sie sagen mir, dass ich sterben werde. Jeder Mensch, der mir nahe ist und der vor mir stirbt, zieht einen Pflock heraus aus dem Zelt meines eigenen Lebens. Er löst Freundinnen und Freunde. Meine Eltern und Geschwister, die gestorben sind, sagen mir: Was ich getan habe, wirst du auch tun müssen – sterben. Auf einem alten Grabstein fand ich den Spruch: Eram, quod es. Ich war, was du bist – lebendig. Eris, quod sum. Du wirst sein, was ich bin – tot.

Die Toten sagen mir noch etwas anderes: Was ich gekonnt habe, das wirst du auch können – sterben. Es ist eine schwere Arbeit, das Leben loszulassen, aber keine unmögliche. Sie vermindern meine Angst, die Toten. Und manchmal denke ich, die Toten wärmen uns.

Dorothee Sölle

Bruder Erinnerung

Gott hat der Hoffnung einen Bruder
mitgegeben – die Erinnerung,
las ich bei Michelangelo.
Das wünsche ich dir,
dass ein Engel des Trostes
deine Wege kreuzen möge,
der die Schatten deiner belastenden Erinnerungen
nicht fortnehmen kann, sie aber von
der Sonne der Hoffnung bescheinen lassen kann.
Das wünsche ich dir,
dass die Erinnerung an gute, schöpferische,
mutmachende Stunden deiner Vergangenheit
dir die Hoffnung schenke,
dass du auch im fortgeschrittenen Alter
einen neuen Anfang wagen kannst.

Barbara Cratzius

Genießen

Die Kraft des Genießens und die des Erinnerns sind eine von der anderen abhängig. Genießen heißt, einer Frucht ohne Rest ihre Süßigkeit entpressen. Und Erinnerung heißt die Kunst, einmal Genossenes nicht nur festzuhalten, sondern es immer reiner auszuformen, es goldener und tieftöniger zu machen …

Wer einmal weiß, wie viel Lebensgefühl, Wärme und Glanz er in eine kurze Stunde pressen kann, der wird nun auch die Gaben jedes neuen Tages möglichst rein und restlos und unverdorben aufnehmen wollen. Und er wird auch dem Leid gerechter werden; er wird einen großen Schmerz ebenso lauter und ernst zu kosten versuchen. Denn er weiß, daß auch das Andenken dunkler Tage ein schönes und heiliges Besitztum ist.

Hermann Hesse

Früher fand ich schon den Begriff abstoßend: „Leichenschmaus" oder „Beerdigungskaffee". Ich habe mich aufgeregt über diese Sitte, nach der Beisetzung gleich ins Gasthaus zu laufen und zu trinken und zu essen, als wäre nichts geschehen oder als wollte man dieses Ereignis auch noch feiern.

Meine Ansichten darüber änderten sich jedoch grundlegend, als ich selbst in diese Situation kam: Mein Vater starb sehr plötzlich, eigentlich an einer verschleppten Infektion. Ich hätte nie gedacht, dass diese Krankheit tödlich sein würde. Wir waren wie unter Schock und konnten es einfach nicht fassen.

Damals wohnte ich schon lange nicht mehr in meinem Heimatdorf und konnte mir auch nicht mehr vorstellen, dort jemals wieder hinzuziehen. Mir war alles zu eng geworden, zu viel „Das war schon immer so". Aber in dieser Zeit lernte ich wieder, dass eine Dorfgemeinschaft auch auffängt und trägt. Meine Eltern haben einen großen Bekanntenkreis und waren in einigen Vereinen aktiv. Und als sich die Nachricht herumgesprochen hatte – was sehr schnell ging –, klingelte es an der Tür. Vielen habe ich angesehen, dass ihnen der Besuch mehr als schwerfiel. Ich kannte sie alle noch, und die meisten wussten nicht, was sie sagen sollten. Aber sie kamen dennoch, trauten sich, uns als Trauernden gegenüberzutreten und manchmal gar nichts zu sagen, sondern uns nur in den Arm zu nehmen. In den vier Tagen vor der Beerdigung füllte sich jeden Abend unser Wohnzimmer mit Menschen, die Suppe brachten oder Blumen, Beileidswünsche und vor allem: sich selbst. Sie kamen und saßen mit uns zusammen. Wir erzählten gefühlte tausend Mal, was passiert war, und brauchten unsere Tränen darüber auch nicht zu verstecken, denn die meisten weinten mit uns. Und dann – holten wir den Sekt aus dem Kühlschrank und das Bier und tranken auf meinen Vater. Wir erzählten viel – „weißt du noch?" – und spätestens nach einer Stunde lachten wir gemeinsam über seine Sprüche und über das, was wir zusammen erlebt hatten. Und immer hatten wir das Gefühl: So hätte er es gewollt, so ist er mitten unter uns.

Das war beim Beerdigungskaffee nicht anders. Wir saßen noch lange bis in den Abend hinein an einem großen Tisch voller Leute im Gasthaus und ich hatte das Gefühl, niemand wollte nach Hause gehen. Ich habe mit so vielen Menschen über meinen Vater gesprochen und erst da wurde mir bewusst, wie vielen sein Wort, seine Zuwendung etwas bedeutet hatte, dass ich nicht die Einzige war, die diesen Menschen geliebt hat. Am Ende hatte ich das Gefühl, dass ich es war, die tröstete, nicht umgekehrt.

Mir hat dieses „Dazwischen", zwischen Tod und Beerdigung, die Zeit gegeben, meinen Frieden mit diesem Tod zu machen. Durch all die Gespräche, die gemeinsamen Erinnerungen, durch all das, was ich an Zuneigung und Trost erfahren habe, konnte ich einverstanden sein, wie es war. Es machte das Ereignis nicht weniger schlimm und noch heute wohnt die Trauer in meinem Herzen, aber ich hatte das Gefühl: Diese Gemeinschaft hat es geschafft, mich von dem

Toten zurück zu den Lebenden zu holen. Und das ist auch der Sinn dieses Rituals des Beerdigungskaffees oder Leichenschmauses: einen Übergang zu gestalten und gemeinsam zu feiern. Was ich dabei als unverzichtbar erlebt habe, ist die Gemeinschaft, mit der man nicht nur Traditionen teilt, sondern gerade auch die Erinnerungen an gemeinsam Erlebtes.

M.F.

Geschenk

Je schöner und voller die Erinnerung,
desto schwerer die Trennung.
Aber die Dunkelheit verwandelt
die Erinnerung in eine stille Freude.
Man trägt das vergangene Schöne
nicht wie einen Stachel,
sondern wie ein kostbares Geschenk in sich.

Dietrich Bonhoeffer

„Und doch ist einer, der dieses Fallen unendlich sanft in seinen Händen hält"

Worauf ich hoffen möchte

Viele Trauernde haben in den ersten Tagen nach dem Tod eines geliebten Menschen den Wunsch, ihm „nachsterben" zu wollen, weil es ihnen sinnlos vorkommt, ohne ihn weiterzuleben, weil sie keinen Grund mehr finden, jeden Morgen aufzustehen und ein Leben weiterzuführen, in dem nichts mehr gut zu sein scheint.

Und dennoch spürt man bald: Das Leben, die Erde bleibt nicht stehen. Die Zeit hält nicht an, auch wenn es sich manchmal so anfühlt, als hätte mit dem Tod auch die Zeit aufgehört. Es dauert etwas, bis sich dieses Gefühl ändert, denn am Anfang kann man auch nicht an den Trost glauben, an die Hoffnung, die andere Menschen einem schenken möchten. Aber dennoch spürt man ganz allmählich: Das Lied der Amsel ist noch immer schön, auch wenn es vielleicht Erinnerungen weckt, die wehtun; die Kinder, die Enkel wollen noch immer mit mir spielen – sie wissen nichts vom Tod und brauchen mich genau wie zuvor; es ist schön, mit anderen Menschen zusammen zu sein – mit ihnen kann ich weinen, aber auch wieder fröhlich sein und für einen Augenblick vergessen. Vielleicht sagt sogar eine leise Stimme im Kopf: Ja, ich liebe dieses Leben! Dann ist das Saatkorn „Hoffnung" in unserem Herzen aufgegangen und beginnt zu wachsen.

Hoffnung hat viele Gesichter – menschliche, natürliche, göttliche. Sie versteckt sich nicht, aber sie möchte auch gefunden werden.

Mögen Ihnen die folgenden Texte Wegweiser sein, Hoffnungszeichen auf dem Pfad zurück ins Leben. Mögen Sie Ihnen gerade an dunklen Tagen und in finsteren Zeiten ein Licht sein, das Sie wärmt und führt.

Was ist sterben?

Ein Schiff segelt hinaus und ich beobachte,
wie es am Horizont verschwindet.
Jemand an meiner Seite sagt: „Es ist verschwunden."
Verschwunden wohin?
Verschwunden aus meinem Blickfeld – das ist alles.
Das Schiff ist nach wie vor so groß wie es war,
als ich es gesehen habe.
Dass es immer kleiner wird und es dann völlig aus
meinen Augen verschwindet ist in mir,
es hat mit dem Schiff nichts zu tun.
Und gerade in dem Moment, wenn jemand neben
mir sagt, es ist verschwunden, gibt es andere,
die es kommen sehen, und andere Stimmen,
die freudig Aufschreien: „Da kommt es!"
Das ist sterben.

Charles Henry Brent

Nach Hause

Das Sterben
Vielleicht ist es
kein Weggehen
sondern Zurückgehen?

Sind wir nicht unterwegs
mit ungenauem Ziel
und unbekannter Ankunftszeit
mit Heimweh im Gepäck?

Wohin denn
sollten wir gehen
wenn nicht
nach Hause zurück?

Anne Steinwart

Lebenslied

Ich hatte es nie so ganz erfahren,
jenes alte feste Schicksalswort,
dass eine neue Seligkeit dem Herzen aufgeht,
wenn es aushält
und die Mitternacht des Grams durchduldet,
und dass, wie Nachtigallengesang im Dunkeln,
göttlich erst im tiefen Leid
das Lebenslied der Welt uns tönt.

Friedrich Hölderlin

Quellen

Der Gedanke an die Veränderlichkeit
aller irdischen Dinge
ist ein Quell unendlichen Leids
und ein Quell unendlichen Trostes.

Marie von Ebner-Eschenbach

Alles hat seine Zeit

Ein jegliches hat seine Zeit, und alles Geschehen unter dem Himmel hat seine Stunde: geboren werden und sterben, pflanzen und ernten, was gepflanzt ist, töten und heilen, niederreißen und bauen, weinen und lachen, klagen und tanzen, Steine zerstreuen und Steine sammeln, umarmen und loslassen, suchen und verlieren, behalten und wegwerfen, zerreißen und nähen, schweigen und reden, lieben und hassen, streiten und versöhnen.

Welchen Vorteil hat ein Mensch aber davon, dass er sich anstrengt, etwas zu tun? Ich sah es mir an, womit sich die Menschen nach Gottes Auftrag abmühen. Er aber hat vorher schon die richtige Zeit für alles bestimmt. In das Herz des Menschen hat er den Wunsch gelegt, zu verstehen, was ewig ist. Aber er kann das Werk, das Gott tut, niemals ganz begreifen. Darum merkte ich, dass es nichts Besseres gibt, als fröhlich zu sein und sein Leben zu genießen. Denn jeder Mensch, der da isst und trinkt und sich an seinem Werk, seiner Arbeit, freuen kann: Das ist eine Gabe Gottes.

Nach Kohelet 3,1–13

Herbst

Die Blätter fallen, fallen wie von weit,
als welkten in den Himmeln ferne Gärten;
sie fallen mit verneinender Gebärde.

Und in den Nächten fällt die schwere Erde
aus allen Sternen in die Einsamkeit.

Wir alle fallen. Diese Hand da fällt.
Und sieh dir andre an: es ist in allen.

Und doch ist Einer, welcher dieses Fallen
unendlich sanft in seinen Händen hält.

Rainer Maria Rilke

Leuchtende Spur

Ein guter, edler Mensch, der mit uns gelebt,
kann uns nicht genommen werden,
er lässt eine leuchtende Spur zurück
gleich jenen erloschenen Sternen,
deren Bild noch nach Jahrhunderten
die Erdbewohner sehen.

Thomas Carlyle

Die Mitte der Nacht ist der Anfang des Tages

Es ist im Grunde selbstverständlich: Die Mitte der Nacht ist der Anfang des Tages. Nach unserem Kalender und unserem Empfinden für den Rhythmus der Zeit beginnt der Tag, solange Tage und Nächte auf dieser Erde einander folgen, um Mitternacht.

Aber es liegt mehr in diesem einfachen Wort. Der alte Hymnus, aus dem es stammt, lautet: „Die Mitte der Nacht ist der Anfang des Tages, die Mitte der Not ist der Anfang des Lichts."

Wenn es also sagen will, die Mitte unseres Leidens sei der Anfang unserer Heilung oder unserer Befreiung, dann gehört ein kühner Glaube dazu, es auszusprechen.

Es meint also, die Nacht unserer Angst sei der Anfang des Vertrauens. Die Mitte unserer Schwermut sei der Anfang des Mutes und der Lebensfreude. Die Mitte unserer Schwäche sei der Anfang der Kraft. Die Mitte unserer Schmerzen sei der Anfang unserer Dankbarkeit dafür, dass sie enden. Die Mitte unserer Krankheit sei der Anfang eines neuen Wissens und einer neuen Feinfühligkeit. Es will sagen: Alles Schwere, das dich trifft, will dich weiterführen in ein Leben mit mehr Klarheit und Einsicht, in mehr Hingabefähigkeit. In allem, das dir wie ein Ende erscheint, liegt ein neuer Anfang. In allem Zweifel an Gottes Güte und Gerechtigkeit kommt dir Gott auf eine neue Weise näher. Und es will zuletzt noch sagen: Die tiefe Nacht, die sich um Gott legen kann, den rätselhaften und dunklen Gott, ist der Anfang einer neuen und

tieferen Erkenntnis. Aber so kann wohl nur der sprechen, der es erfahren hat und der dabei gelernt hat,
in die Dunkelheit und ins Unbekannte hineinzugehen
wie in einen hellen Tag.

Jörg Zink

Ich bin das Licht der Sterne

Steht nicht an meinem Grab und weint,
ich bin nicht da, ich schlafe nicht.
Ich bin eine der tausend wogenden Wellen des Sees,
ich bin das diamantene Glitzern des Schnees,
wenn ihr erwacht in der Stille am Morgen,
dann bin ich für euch verborgen,
ich bin ein Vogel im Flug,
leise wie ein Luftzug,
ich bin das sanfte Licht der Sterne in der Nacht.
Steht nicht an meinem Grab und weint,
ich bin nicht da, ich schlafe nicht.

Indianische Weisheit

Segen

Der allgütige Gott erfülle dich mit seiner Kraft,
auf dass du mit Gelassenheit ertragen kannst,
was er dir schickt,
auf dass du lernst zu entbehren,
ohne dadurch hart zu werden,
auf dass du fähig wirst zu leiden,
ohne daran zu zerbrechen,
auf dass du Niederlagen hinnehmen kannst,
ohne daran zu erliegen,
auf dass du schuldig werden kannst,
ohne daran zu scheitern oder dich zu verachten,
auf dass du lernst,
auch mit Unbeantwortbarem zu leben,
ohne deine Hoffnung aufzugeben.
Er erfülle dich mit Mut
und stärke dich mit Zuversicht,
auf dass du deinen Weg machst. – Amen

Irischer Segenswunsch

Heiliger Ort

Die Dunkelheit ist auch ein heiliger Ort. Ich vertraue
darauf, dass der Gott, der uns in das gegenwärtige
Dunkel hineingeführt hat, uns auch durch es hin-
durchführt. Unsere Zeit ist in der Phase einer Sinn-
finsternis, die zweifellos die Möglichkeit und Chance
zur Umwandlung, zu einem wesentlichen Aufbruch
in sich birgt. Ein ganz bedeutsamer Wesenszug des
biblischen Gottes lautet: Jahwe und sein Knecht Jesus
sind die, die immer wieder „die Toten lebendig machen und das, was nicht ist, ins Dasein rufen" (Römer
4,17, nach Deuteronomium 32,39).

Richard Rohr

Besuch

Wenn ich dich besuche, demnächst,
werde ich über die Regenbogenbrücke
der Hoffnung kommen,
deine Tränenschnur lösen,
arge Wolken sanft von deiner Stirn abwischen
und dich daran erinnern,
dass du es schaffen kannst,
was auch immer es sei,
wenn du nur daran glaubst
und herzlich darum bittest.

Angelika Wolff

Gloria

gepriesen ja gepriesen sei das Licht das in
Menschengesichter einströmende Licht das Licht das
aus den sich öffnenden Augen zurückfließt

gepriesen seien die Engel die Er in euch entfacht
in deren Silber euer Entzücken hell aufweht und
euere Sternbilder gestochen werden

gepriesen sei wer sich über euch beugt und sein Herz
um euch spannt damit ihr euch fallenlassen könnt
nachts und in der Stunde eueres Todes

gepriesen – Guillermo Teresa Benjamin – sei die Erde
die weitergebiert seien Wasser und Luft die euch
spiegeln sei in eueren Augen und Lenden das Feuer

und gepriesen sei das Wort vom Licht der Welt in
Schmerzen und besinnungslos vor Hoffnung das Wort
gepriesen sei das Wort macht hell …

Richard Exner

Vom Tod

Dann sprach Almitra: Wir möchten nun nach dem Tod fragen.

Und er sagte: Ihr möchtet das Geheimnis des Todes kennenlernen. Aber wie werdet ihr es finden, wenn ihr es nicht im Herzen des Lebens sucht?

Die Eule, deren Nachtaugen am Tag blind sind, kann das Mysterium des Lichts nicht entschleiern. Wenn ihr wirklich den Geist des Todes schauen wollt, öffnet eure Herzen weit dem Körper des Lebens.

Denn Leben und Tod sind eins, so wie der Fluß und das Meer eins sind.

In der Tiefe eurer Hoffnungen und Wünsche liegt euer stilles Wissen um das Jenseits; und wie Samen, der unter dem Schnee träumt, träumt euer Herz vom Frühling. Traut den Träumen, denn in ihnen ist das Tor zur Ewigkeit verborgen.

Eure Angst vor dem Tod ist nichts als das Zittern des Hirten, wenn er vor dem König steht, der ihm zur Ehre die Hand auflegen wird.

Freut sich der Hirte unter seinem Zittern nicht, daß er das Zeichen des Königs tragen wird? Doch gewahrt er sein Zittern nicht viel mehr? Denn was heißt sterben anderes, als nackt im Wind zu stehen und in der Sonne zu schmelzen? Und was heißt nicht mehr zu atmen anderes, als den Atem von seinen rastlosen Gezeiten zu befreien, damit er emporsteigt und sich entfaltet und ungehindert Gott suchen kann?

Nur wenn ihr vom Fluß der Stille trinkt, werdet ihr wirklich singen.

Und wenn ihr den Gipfel des Berges erreicht habt,
dann werdet ihr anfangen zu steigen.
Und wenn die Erde eure Glieder fordert, dann werdet ihr wahrhaft tanzen.

Khalil Gibran

Umfangen

Der Herr sei neben dir, um dich zu bewahren,
wenn du dich verlierst.
Der Herr sei unter dir, um dich aufzufangen,
wenn du fällst.
Der Herr sei in dir, um dich zu trösten,
wenn du traurig bist.
Der Herr sei um dich herum, um dich zu verteidigen,
wenn du überfallen wirst.
Der Herr sei über dir, um dich zu segnen.
So segne dich der gütige Gott.

Altchristliches Segensgebet

„Du wirst in der Nacht die Sterne anschauen. Mein Zuhause ist zu klein, um dir zu zeigen, wo es sich befindet. Es ist besser so. Mein Stern wird für dich einer der Sterne sein. Dann wirst du alle Sterne gern anschauen … Alle werden sie deine Freunde sein. Und dann werde ich dir ein Geschenk machen …"
Er lachte noch.
„Ach! Kleines Kerlchen, kleines Kerlchen! Ich höre dieses Lachen so gern!"
„Gerade das wird mein Geschenk sein … Es wird sein wie mit dem Wasser …"
„Was willst du sagen?"
„Die Leute haben Sterne, aber es sind nicht die gleichen. Für die einen, die reisen, sind die Sterne Führer. Für andere sind sie nichts als kleine Lichter. Für wieder andere, die Gelehrten, sind sie Probleme. Für meinen Geschäftsmann waren sie Gold. Aber alle diese Sterne schweigen. Du, du wirst Sterne haben, wie sie niemand hat …"
„Was willst du sagen?"
„Wenn du bei Nacht den Himmel anschaust, wird es dir sein, als lachten alle Sterne, weil ich auf einem von ihnen wohne, weil ich auf einem von ihnen lache. Du allein wirst Sterne haben, die lachen können!"
Und er lachte wieder.
„Und wenn du dich getröstet hast (man tröstet sich immer), wirst du froh sein, mich gekannt zu haben. Du wirst immer mein Freund sein. Du wirst Lust haben, mit mir zu lachen. Und du wirst manchmal dein

Fenster öffnen, gerade so, zum Vergnügen … Und deine Freunde werden sehr erstaunt sein, wenn sie sehen, dass du den Himmel anblickst und lachst. Dann wirst du ihnen sagen: Ja, die Sterne, die bringen mich immer zum Lachen! Und sie werden dich für verrückt halten. Ich werde dir einen hübschen Streich gespielt haben …"

Und er lachte wieder.

„Es wird sein, als hätte ich dir statt der Sterne eine Menge kleiner Schellen geschenkt, die lachen können …"

Und er lachte noch immer. Dann wurde er wieder ernst:

„Diese Nacht … weißt du … komm nicht!"

„Ich werde dich nicht verlassen."

„Es wird so aussehen, als wäre ich krank … ein bisschen, als stürbe ich. Das ist so. Komm nicht das anschauen, es ist nicht der Mühe …"

„Ich werde dich nicht verlassen."

Aber er war voll Sorge.

„Ich sage dir das … auch wegen der Schlange. Sie darf dich nicht beißen … Die Schlangen sind böse. Sie können zum Vergnügen beißen …"

„Ich werde dich nicht verlassen."

Aber etwas beruhigte ihn:

„Es ist wahr, sie haben für den zweiten Biss kein Gift mehr …"

Ich habe es nicht gesehen, wie er sich in der Nacht auf den Weg machte. Er war lautlos entwischt. Als es mir gelang, ihn einzuholen, marschierte er mit raschem, entschlossenem Schritt dahin.

Er sagte nur:

„Ah, du bist da ...“

Und er nahm mich bei der Hand. Aber er quälte sich noch:

„Du hast nicht recht getan. Es wird dir Schmerz bereiten. Es wird aussehen, als wäre ich tot, und das wird nicht wahr sein ...“

Ich schwieg.

„Du verstehst. Es ist zu weit. Ich kann diesen Leib da nicht mitnehmen. Er ist zu schwer.“

Ich schwieg.

„Aber er wird daliegen wie eine alte verlassene Hülle. Man soll nicht traurig sein um solche alten Hüllen ...“

Ich schwieg.

Er verlor ein bisschen den Mut. Aber er gab sich noch Mühe:

„Weißt du, es wird wunderbar sein. Auch ich werde die Sterne anschauen. Alle Sterne werden Brunnen sein mit einer verrosteten Winde. Alle Sterne werden mir zu trinken geben ...“

Ich schwieg.

„Das wird so lustig sein! Du wirst fünfhundert Millionen Schellen haben, ich werde fünfhundert Millionen Brunnen haben ...“

Und auch er schwieg, weil er weinte ...

„Da ist es. Lass mich einen Schritt ganz allein tun.“

Und er setzte sich, weil er Angst hatte.

Er sagte noch:

„Du weißt ... meine Blume ... ich bin für sie verantwortlich! Und sie ist so schwach! Und sie ist so kindlich. Sie hat vier Dornen, die nicht taugen, sie gegen

die Welt zu schützen …"
Ich setzte mich, weil ich mich nicht mehr aufrecht halten konnte.
Er sagte:
„Hier … Das ist alles …"
Er zögerte noch ein bisschen, dann erhob er sich. Er tat einen Schritt. Ich konnte mich nicht rühren. Es war nichts als ein gelber Blitz bei seinem Knöchel. Er blieb einen Augenblick reglos. Er schrie nicht. Er fiel sachte, wie ein Blatt fällt. Ohne das leiseste Geräusch fiel er in den Sand.

Antoine de Saint-Exupéry

Es wird ein Tag erscheinen

Es wird ein Tag erscheinen, an dem Gott alle Tränen abwischt von unseren Augen. Der Tod wird nicht mehr sein, und auch kein Leiden, kein Schmerz, kein Geschrei. Denn das Erste ist vergangen. Und Gott, der unter den Menschen wohnt, spricht: Siehe, ich mache alles neu!

Nach Offenbarung 21,4–5

Gesät und gepflanzt

Wir müssen uns vormalen lassen und ins Herz bilden, wenn man uns unter die Erde scharrt, dass es nicht heißen muss gestorben und verdorben, sondern gesät und gepflanzt und dass wir auferstehen und wachsen sollen in einem neuen, unvergänglichen und ungebrechlichen Leben und Wesen. Wir müssen eine neue Rede und Sprache lernen, Tod und Grab zu reden, wenn wir sterben, dass es nicht gestorben heißt, sondern auf den zukünftigen Sommer gesät, und dass der Kirchhof nicht ein Totenhaufe heiße, sondern ein Acker voll Körnlein, die jetzt sollen wieder hervorgrünen und wachsen, schöner als ein Mensch begreifen kann.

Martin Luther

Wie leicht wird Erde sein

wie leicht wird erde sein
nur eine wolke abendliebe
wenn als musik erlöst
der stein in landsflucht zieht
und felsen die als alb gehockt
auf menschenbrust
schwermutgewichte
aus den adern sprengen
wie leicht wird erde sein
nur eine wolke abendliebe
wenn schwarze geheizte rache
vom todesengel magnetisch angezogen
an seinem schneerock
kalt und still verendet
wie leicht wird erde sein
nur eine wolke abendeliebe
wenn sternenhaftes schwand
mit einem rosenkuss
aus nichts

Nelly Sachs

Vielleicht?

Was dann?
Wo wird es bleiben,
Was mit dem letzten Hauch entweicht?
Wie Winde werden wir treiben –
Vielleicht!?
Werden wir reinigend wehen?
Und kennen jedes Menschen Gesicht.
Und jeder darf durch uns gehen,
Erkennt aber uns nicht.
Wir werden drohen und mahnen
Als Sturm,
Und lenken die Wetterfahnen
Auf jedem Turm.
Ach, sehen wir die dann wieder,
Die vor uns gestorben sind?
Wir, dann ungreifbarer Wind?
Richten wir auf und nieder
Die andern, die nach uns leben?
Wie weit wohl Gottes Gnade reicht.
Uns alles zu vergeben?
Vielleicht? – Vielleicht!

Joachim Ringelnatz

Trost

Tröste dich, die Stunden eilen,
Und was all dich drücken mag,
Auch das Schlimmste kann nicht weilen,
Und es kommt ein andrer Tag.

In dem ew'gen Kommen, Schwinden,
Wie der Schmerz liegt auch das Glück,
Und auch heitre Bilder finden
Ihren Weg zu dir zurück.

Harre, hoffe. Nicht vergebens
Zählest du der Stunden Schlag,
Wechsel ist das Los des Lebens,
Und – es kommt ein andrer Tag.

Theodor Fontane

Nie allein

Von den Sterbenden haben wir einige bemerkenswerte Dinge über Trauer gelernt. Einige gewöhnliche, klare Lektionen erhalten wir von denjenigen, die klinisch tot gewesen sind, aber wieder zum Leben erweckt wurden. Als Erstes teilen sie uns mit, dass sie keine Angst vor dem Tod mehr haben. Zweitens sagen sie, dass sie jetzt wüssten, dass der Tod nur ein Abstreifen des physischen Körpers sei, nicht anders, als würde man einen Anzug ablegen, den man nicht mehr braucht. Drittens erinnern sie sich daran, dass sie im Tod ein tiefes Gefühl der Ganzheit erlebten und sich mit allen Dingen und allen Menschen verbunden fühlten und keinen Verlust empfanden. Zum Schluss teilen sie uns mit, dass sie nie allein waren, sondern dass jemand bei ihnen war.

Elisabeth Kübler-Ross

Zeichen der Unsterblichkeit

Inzwischen verfiel mein Vater plötzlich in eine Krankheit, die ihn in wenigen Tagen unter die Erde brachte. Er starb in meinen Armen, und ich lernte den Tod auf den Lippen desjenigen kennen, der mir das Leben gegeben. Dieser Eindruck war groß, und ich habe ihn jetzt noch nicht verwunden. Zum ersten Mal trat mir die Unsterblichkeit der Seele recht klar und deutlich vor Augen; ich konnte nicht glauben, dass dieser leblose Körper, der da vor mir lag, der Urheber all meines Denkens und Fühlens sei; ich fühlte, dass diese Kraft aus einer andern Quelle fließen musste, und eine heilige Wehmut, die fast an Freude grenzte, ließ mich die einstige Wiedervereinigung mit dem Geiste meines Vaters hoffen.

Noch ein anderes Phänomen bestärkte mich in diesem erhebenden Gedanken. Die Gesichtszüge meines verstorbenen Vaters hatten sich im Sarge sozusagen verklärt. Warum sollte dieses wunderbare Phänomen nicht ein Zeichen unserer Unsterblichkeit sein?

Warum sollte der Tod, der doch so furchtbar gewaltig ist und der so vieles weiß, was wir nicht wissen, der Stirne seines Opfers nicht die Geheimnisse einer anderen Welt aufgedrückt haben? Warum sollte das Grab nicht einen weiten Blick in die Ewigkeit hinein gewähren?

François René Chateaubriand

Gib deinem Herzen ein Zeichen

Gib deinem Herzen ein Zeichen,
dass die Winde sich drehn.
Hoffnung ist ohnegleichen
wenn sie die Göttlichen sehn.

Richte dich auf und verharre
still in dem großen Bezug;
leise löst sich das Starre,
milde schwindet der Bug.

Risse entstehn im Verhängnis
das du lange bewohnt,
und in das dichte Gefängnis
flößt sich ein fühlender Mond.

Rainer Maria Rilke

Trotz allem

Trotz allem kann es sein,
dass vor deinem Fenster ein Vogel singt,
dass seine Melodie dich erreicht,
dir etwas Neues gelingt.

Trotz allem kann es sein,
dass aus dem Himmelsgrau
dich ein Sonnenstrahl trifft,
dich Worte berühren wie aus einem Gedicht.
Dass dir ein lieber Gruß in den Briefkasten fällt,
einer daherkommt, die Hand dir hält.

Trotz allem kann es sein,
dass Hoffnung in dir wächst und
so etwas wie ein Engel sich neben dich setzt.
Dass dein Glaube zunimmt und nicht ab,
weil dir ein Mensch begegnete,
ihn dir wieder gab.

Trotz allem.

Carola Merkel

Bleib nicht stehen

Nun fällt ein Blatt
ein letzter
Traum
zieh deinen Mantel an
und bleib nicht stehn

der Sommer
war so schnell gedacht
noch bist du kaum darin erwacht
da siehst du ihn
schon wieder gehen

die letzten Spuren
nimmt der Wind
was bleibt muss sich ertragen
es stirbt das Leben nicht es geht
nur schlafen
um sich neu
zu wagen

Anke Maggauer-Kirsche

Leben

Die Faszination des Lebens mag trotz des
Bewusstseins der Vergänglichkeit
in dem Wagnis zum Du
in dem Mut zum Ich
in dem Übermut zur Freude
in dem Sinn für Humor
in der Ausgelassenheit des Lachens
in der Kraft, Leid zu überstehen
begründet sein.

Margot Bickel

Unsichtbares Ganzes

Der Tod ist die uns zugewandte Seite jenes Ganzen,
dessen andere Seite Auferstehung heißt.

Romano Guardini

Die Hoffnung

Die Hoffnung
ist eine Tür
zu einem anderen Land
Die Hoffnung ist
ein Gedicht
ein Lied
ein Gesicht
Die Hoffnung ist
eine Hand in deiner Hand

Die Hoffnung ist
eine Spur
die dir vorausgeht.

Anne Steinwart

Wir haben nicht den Tod,
sondern die Ewigkeit vor uns

Es ist eine Lüge zu behaupten, das Leben sei kurz.
Unser Leben ist nicht kurz, sondern ewig.
Wir haben nicht den Tod, sondern die Ewigkeit vor uns.
Wir wurden nicht geboren, um zu sterben,
sondern um zu leben und ewig zu leben.
Beklagen wir doch nicht die Flüchtigkeit der Zeit,
das Leben hört ja nicht auf, die Zeit hört nur auf
(die nur ein beständiges Gleiten der Zukunft in die
Vergangenheit ist,
ein Fließen dessen, was noch nicht ist, in das,
was nicht mehr ist),
und dann kommt die Ewigkeit,
die immer gegenwärtige Gegenwart,
ohne Zukunft und Vergangenheit,
ohne Ende, das Leben in ewiger Gegenwart.
Fürchten wir doch nicht den Tod, wir sterben ja nicht,
wir gehen nur in ein vollendeteres, wahreres,
lebendigeres Leben über.

Ernesto Cardenal

Lass Dich fallen

Lass Dich fallen
noch tiefer
wenn die Nacht
Dich
in Armen hält,
ihr Blick ist dunkel
dunkler noch
die Worte
aus ihrem Mund.
Wohin sie auch geht
wohin sie Dich trägt
fürchte Dich nicht:
es folgt
ihren Schritten
leise –
das Licht.

Isabella Schneider

Vergiss die Träume nicht

Vergiss die Träume nicht,
wenn die Nacht wieder über dich hereinbricht
und die Dunkelheit dich wieder gefangen
zu nehmen droht.
Noch ist nicht alles verloren.
Deine Träume und deine Sehnsüchte
tragen Bilder der Hoffnung in sich.
Deine Seele weiß, dass in der Tiefe
Heilung schlummert
und bald in dir ein neuer Tag erwacht.
Ich wünsche dir, dass du die Zeiten der Einsamkeit
nicht als versäumtes Leben erfährst,
sondern dass du beim Hineinhorchen in dich selbst
noch Unerschlossenes in dir entdeckst.
Ich wünsche dir, dass dich all das Unerfüllte
in deinem Leben nicht erdrückt,
sondern dass du dankbar sein kannst für das,
was dir an Schönem gelingt.
Ich wünsche dir, dass all deine Traurigkeiten nicht
vergeblich sind,
sondern dass du aus der Berührung mit deinen Tiefen
auch Freude wieder neu erleben kannst.

Irischer Segenswunsch

„Die Liebe
ist stärker als der Tod"

Was bleibt

„Das einzig wichtige im Leben sind Spuren von Liebe, die wir hinterlassen, wenn wir Abschied nehmen." (Albert Schweizer)

Es gibt eines, was nicht mit dem Tod eines Menschen endet: die Liebe, die wir für ihn empfinden. Sie mag sich verändern, weil wir nicht mehr mit ihm sprechen, uns nicht mehr mit ihm auseinandersetzen, ihn nicht mehr berühren können, aber sie bleibt in unseren Herzen. Viele haben sogar das Gefühl, dass sie tiefer wird, als sie es zu Lebzeiten des anderen war, denn meistens begreift man erst wirklich, was ein Mensch einem bedeutet hat, wenn er nicht mehr da ist.

Diese Liebe erspart uns keine der „Höllen", in die uns der Verlust stürzt: die der Einsamkeit, der Verzweiflung, der Wut und des Zorns, der Untröstlichkeit. Aber sie ist es, die uns durch all das trägt und uns den Weg zurück ins Leben weist oder, wenn man so möchte, in den „Himmel": den Ort, an dem wir unsere Toten gut aufgehoben wissen. Von diesem Ort gibt es verschiedene Vorstellungen, aber was letztlich zählt, ist, dass dieser Himmel, wie auch immer er aussieht, uns als Trauernden hilft, mit dem Verlust zu leben und wir unsere Toten dort geborgen wissen – geborgen in guten Händen, geborgen in unseren Herzen.

Auferstehung

Wenn einer starb, den du geliebt hienieden,
So trag hinaus zur Einsamkeit dein Wehe,
Dass ernst und still es sich mit dir ergehe
Im Wald, am Meer, auf Steigen längst gemieden.

Da fühlst du bald, dass jener, der geschieden,
Lebendig dir im Herzen auferstehe;
In Luft und Schatten spürst du seine Nähe,
Und aus den Tränen blüht ein tiefer Frieden.

Ja, schöner muss der Tote dich begleiten,
Ums Haupt der Schmerzverklärung lichten Schein,
Und treuer – denn du hast ihn alle Zeiten.

Das Herz auch hat sein Ostern, wo der Stein
Vom Grabe springt, dem wir den Staub nur weihten;
Und was du ewig liebst, ist ewig dein.

Emanuel Geibel

trampelpfad nach emmaus

christus
zwischen brot und wein
handfeste angebote deiner gegenwart
stehen brennende kerzen
hilflose zeichen sich verzehrender herzen
die ein ende der trauer erbitten

solange das gespinst lodert
alles könnte noch einmal von vorn anfangen
erwachen wir unsanft aus unseren träumen
rüttelt der schmerz des mangels uns bitter zurecht

weil das leben nicht mehr so ist wie es war
und jedes gebet um genesung
im abfalleimer des überflusses
auf den müllmann wartet

christus
hinabgefahrener und hinaufgestiegener
höllenfahrer und himmelsreiter
guter bekannter von lebenden und toten

zimmere die brücke der auferstehung
über den unsichtbaren fluss unserer vorausgegangenen
verarzte die vom beten wundgescheuerten hände
die eine letzte umarmung erbetteln

entlasse die toten
aus dem klammergriff unserer sehnsucht

birg sie gütig
ins nachtgewand deiner ewigkeit

bis uns an deinem tisch
die gehaltenen augen aufgehen
und wir uns auf dem trampelpfad nach emmaus
wieder über den weg laufen

Siegfried Eckert

Da ist ein Land

Da ist ein Land der Lebenden
und ein Land der Toten,
und die Brücke zwischen ihnen
ist die Liebe –
das einzige Bleibende, der einzige Sinn.

Thornton Wilder

Unverlierbar

Es gibt viele Stufen der Heilung der Trauer um einen Verlust. Spüren Sie den Verlust, wenn Sie bereit sind, und erkennen Sie ihn an. Lassen Sie die Gnade des Leugnens zu, und denken Sie daran, dass Sie Ihre Gefühle spüren werden, wenn die Zeit dafür gekommen ist. Sie werden feststellen, dass der einzige Weg aus dem Schmerz durch den Schmerz führt. Sie werden das verstehen, wenn Sie bereit dafür sind. Oft begreift man einen Verlust erst nach Jahren, nicht nach Tagen oder Monaten. Sie werden einsehen, dass Sie die Welt annehmen können, in der dieser Verlust sich ereignet hat.

Wenn Sie Menschen beobachten, die sich mit dem Tod auseinandersetzen, werden Sie vieles bemerken, das symbolische Bedeutung hat. Zuerst werden Sie sehen, dass die Betreffenden sich oft fotografieren lassen, als wollten sie damit sagen: „Ich war einmal hier." Dann, wenn ihre Krankheit fortschreitet, gelangen sie oft auf eine andere Ebene und hören auf, Fotos zu machen. Sie erkennen, dass auch das Foto keinen Bestand hat: Im besten Fall werden die Bilder noch Generationen weitergereicht, an Menschen, die sie nie gekannt haben. Sterbende finden etwas, das mehr wert ist, ihr eigenes Herz und das Herz der Menschen, die sie lieben. Sie entdecken, dass es im Verlust einen Anteil gibt, den wir überschreiten können. Wir können den echten Teil unseres Selbst und uns nahestehender Menschen finden, der nicht verloren geht. Wir können sogar lernen, dass nur das wirklich zählt, was ewig ist und für immer uns gehört. Die Liebe, die sie empfunden, und die Liebe, die sie anderen gegeben haben, kann nicht verloren gehen.

David Kessler

Der Tod der Geliebten

Er wusste nur vom Tod was alle wissen:
dass er uns nimmt und in das Stumme stößt.
Als aber sie, nicht von ihm fortgerissen,
nein, leis aus seinen Augen ausgelöst,

hinüberglitt zu unbekannten Schatten,
und als er fühlte, dass sie drüben nun
wie einen Mond ihr Mädchenlächeln hatten
und ihre Weise wohlzutun:

da wurden ihm die Toten so bekannt,
als wäre er durch sie mit einem jeden
ganz nah verwandt; er ließ die andern reden

und glaubte nicht und nannte jenes Land
das gut gelegene, das immersüße –
Und tastete es ab für ihre Füße.

Rainer Maria Rilke

Zeichen

Wenn dich plötzlich das starke Gefühl erfasst,
der, den du geliebt hast und liebst, sei dir nahe,
er habe dir ein Zeichen gegeben,
dann lass dich nicht irre machen. Nimm es an.

Ich bin überzeugt, dass es mehr Verbindungen gibt
zwischen denen drüben und uns hier,
als die meisten von uns heute meinen.

Ich glaube, dass ein Mensch, zu dem wir reden
in der Stunde nach seinem Sterben,
hört, was wir ihm sagen,
und dass die Toten uns Zeichen geben.

Wir brauchen dazu keine besonderen Fähigkeiten.
Wir müssen nur wissen, dass die Wand dünn ist
zwischen jener Welt und der unseren.

Werden wir uns also wiedersehen?
Unser Auftrag auf dieser Erde ist der,
an Liebe reicher zu werden.
Und ich glaube, dass die Liebe,
die in uns gewachsen ist, nicht verloren geht.
Ich glaube an ein Finden und Begegnen –
wie immer es dann geschehen sollte –
wie hier, so in der anderen Welt.

Jörg Zink

Ich glaube schon, dass es jahrhundertelang einen Missbrauch des ewigen Lebens gegeben hat, eine falsche Vertröstung, dieses „Im Himmel wird es besser sein". Gott hat doch hier auf der Erde, in dieser Zeit Leben für alle in Freiheit und Würde versprochen. „Ihr sollt mein Volk sein, und ich will euer Gott sein", ein Zusammenhang von Geliebtwerden und von Liebenlernen existiert und „soll" sein. Mystische Sätze wie „Wo die Liebe ist, da ist Gott" bleiben auch im Sterben eines Menschen wahr. Sie werden nicht zunichte. Der Tod kann sie nicht aufheben, muss er nicht vor der Liebe kapitulieren? Was die Tradition „ein seliges Ende" nannte, war eine Bejahung des Fortgehens, ein nicht mehr krampfhaft am Weiterleben Festhalten, ein Ja zur Endlichkeit des geschaffenen Lebens. Ein todkrankes Kind von fünf Jahren sagte seinen Eltern: „Ich gehe schon vor, ihr könnt noch nicht mit." Lässt sich nicht eine Geborgenheit denken, die nicht in meiner Weiterexistenz liegt, wohl aber in Gottes Weiterexistenz? „Ich in dir; du in mir, niemand kann uns scheiden" – reicht das nicht?

Dorothee Sölle

Halt mich nicht fest

Maria konnte es einfach nicht verstehen: Reichte es denn nicht, dass sie Jesus umgebracht hatten? Mussten sie jetzt auch noch seinen Leichnam verschleppen? Sie wollte ihn so gerne noch einmal sehen und berühren, ihn ein letztes Mal salben und in sein gütiges, geschundenes Gesicht sehen, ihn ein letztes Mal küssen. Und jetzt war er nicht mehr da!

Sie lehnte draußen vor dem Grab und ließ ihren Tränen freien Lauf. Petrus und Johannes hatten sie einfach ignoriert und waren wieder gegangen, als sie sahen, dass der Stein weggerollt und das Grab leer war. Wer sollte sie jetzt noch schief anschauen, wenn sie um den weinte, den sie so geliebt hatte?

Plötzlich hörte sie eine Stimme neben sich, die fragte: „Frau, warum weinst du? Wen suchst du?" Als sie aufsah, stand ein Mann in Gärtnerkleidung neben ihr und schaute ihr voller Mitleid ins Gesicht. Dieser Blick traf sie mitten ins Herz. Das hatte sie noch niemand gefragt, seit Jesus tot war! Sie konnte nicht anders und fing wieder an zu weinen. „Herr, hast du ihn weggebracht? Wenn ja, dann sag mir, wo du ihn hingelegt hast, ich werde ihn wieder herholen", sagte sie durch den Tränenschleier zu ihm. Sie wäre überall hingegangen, wenn sie Jesus nur noch einmal sehen könnte!

Da beugte sich der Mann zu ihr herab und flüsterte: „Maria!" Wie ein Feuer ging dieses Wort durch ihren Leib, denn sie hatte seine Stimme erkannt – Jesu Stimme! „Rabbuni!", flüsterte Maria atemlos zurück und wollte seine Hand fassen, sich in seine Arme werfen. „Halt mich nicht fest, Maria! Ich gehöre nicht mehr in diese Welt, aber ich bin bei dir und bei all den anderen, die um mich weinen. Sucht mich in euren Herzen, dort werdet ihr mich immer finden!" Dann war er verschwunden. Maria aber lief zu den Jüngern und rief ihnen schon von Weitem zu: „Ich habe den Herrn gesehen! Er lebt!"

Nach Johannes 20,11–18

Den Tod mitlieben

Man sollte das Leben so groß lieben, so ohne rechnen und auswählen lieben, dass man unwillkürlich ihn (den Tod) immerfort mit einbezieht, ihn mitliebt. So hat gewiss das Leben eine uns dauernd abgewendete Seite, die nicht sein Gegenteil ist, sondern seine Ergänzung zur Vollkommenheit, zur Vollzähligkeit, zu der wirklichen, heilen und vollen Sphäre und Kugel des Seins. Das Leben sagt immer zugleich: ja und nein. Er, der Tod, ist der eigentliche Ja-Sager. Er sagt nur: Ja. Vor der Ewigkeit.

Rainer Maria Rilke

Glauben Sie fragte man mich

Glauben Sie fragte man mich
An ein Leben nach dem Tode
Und ich antwortete: ja
Aber dann wusste ich
Keine Auskunft zu geben
Wie das aussehen sollte
Wie ich selber
Aussehen sollte
Dort
Ich wusste nur eines
Keine Hierarchie
Von Heiligen auf goldenen Stühlen
Sitzend
Kein Niedersturz
Verdammter Seelen
Nur
Nur Liebe frei gewordene
Niemals aufgezehrte
Mich überflutend
Kein Schutzmantel starr aus Gold
Mit Edelsteinen besetzt
Ein spinnwebenleichtes Gewand
Ein Hauch
Mir um die Schultern
Liebkosung schöne Bewegung
Wie einst von thyrrhenischen Wellen …
Wortfetzen
Komm du komm
Schmerzweh mit Tränen besetzt

Berg- und Talfahrt
Und deine Hand
Wieder in meiner
So lagen wir lasest du vor
Schlief ich ein
Wachte auf
Schlief ein
Wache auf
Deine Stimme umfängt mich
Entlässt mich und immer
So fort

Mehr also, fragen die Frager
Erwarten Sie nicht nach dem Tode?
Und ich antwortete
Weniger nicht

Marie Luise Kaschnitz

Der Tod ist nichts

Der Tod ist nichts,
ich bin nur in das Zimmer nebenan gegangen.
Ich bin ich, ihr seid ihr.
Das, was ich für euch war, bin ich immer noch.
Gebt mir den Namen, den ihr mir immer gegeben
habt.
Sprecht mit mir, wie ihr es immer getan habt.
Gebraucht keine andere Redeweise,
seid nicht feierlich oder traurig.
Lacht weiterhin über das,
worüber wir gemeinsam gelacht haben.
Betet, lacht, denkt an mich,
betet für mich,
damit mein Name ausgesprochen wird,
so wie es immer war,
ohne irgendeine besondere Betonung,
ohne die Spur eines Schattens.
Das Leben bedeutet das, was es immer war.
Der Faden ist nicht durchschnitten.
Weshalb soll ich nicht mehr in euren Gedanken sein,
nur weil ich nicht mehr in eurem Blickfeld bin?
Ich bin nicht weit weg,
nur auf der anderen Seite des Weges.

Henry Scott Holland

Bleibendes

Alles was schön ist, bleibt auch schön,
auch wenn es welkt.
Und unsere Liebe bleibt Liebe,
auch wenn wir sterben.

Maxim Gorki

Letzte Worte

Geliebte, wenn mein Geist geschieden,
So weint mir keine Träne nach;
Denn, wo ich weile, dort ist Frieden,
Dort leuchtet mir ein ew'ger Tag!
Wo aller Erdengram verschwunden,
Soll euer Bild mir nicht vergehn,
Und Linderung für eure Wunden,
Für euern Schmerz will ich erflehn.
Weht nächtlich seine Seraphsflügel
Der Friede übers Weltenreich,
So denkt nicht mehr an meinen Hügel,
Denn von den Sternen grüß ich euch!

Annette von Droste-Hülshoff

Kleines Liebeslied

Aus Traum und Tränen sind wir gemacht
wenn du trauerst
will ich dich trösten

Aus Tag und Abend sind wir gemacht
wenn dir kalt wird
will ich dich wärmen

Aus Angst und Hoffnung sind wir gemacht
wenn du Tod sagst
sage ich Leben

Lothar Zenetti

Immer wieder

Immer wieder, ob wir der Liebe Landschaft auch
kennen
und den kleinen Kirchhof mit seinen klagenden
Namen
und die furchtbar verschweigende Schlucht, in welcher die anderen enden.
Immer wieder gehn wir zu zweien hinaus
unter die alten Bäume, lagern uns immer wieder
zwischen die Blumen, gegenüber dem Himmel.

Rainer Maria Rilke

Brennende Herzen

Es war am dritten Tag nach Jesu Tod. Kleopas saß vor seinem Haus im Schatten, unfähig, sich zu irgendetwas aufzuraffen. Er starrte in den Himmel, als könne er den Toten dort finden. Plötzlich tauchte an der Gartenpforte sein Freund Joschua auf und kam den Weg zum Haus herauf. Er setzte sich neben Kleopas und legte ihm die Hand auf die Schulter.

„Ich kann es auch noch immer nicht fassen, Kleopas. All die Hoffnungen, die nun plötzlich zerstört sind. All die Menschen, die Jesus geliebt haben und jetzt um ihn trauern. Er sprach doch immer von seinem Vater im Himmel – warum hat der ihn nicht gerettet? Warum hatte er Vollmacht, alle Menschen zu heilen, aber nicht die Macht, sich vor dem Tod zu retten?"

„Ich weiß gar nicht, ob es unbedingt die Macht war, die ihm dazu fehlte", antwortete Kleopas nachdenklich, „ich meine fast, dass er sich einfach nicht retten wollte."

„So ein Unsinn! Das kann er doch nicht gewollt haben!", brauste Joschua auf.

Dann schwiegen sie wieder lange. Eine Träne rann Joschua über die Wange. Energisch wischte er sie fort.

„Lass uns nach Emmaus gehen", sagte er und richtete sich auf, „im Gehen denkt es sich leichter. Außerdem kommen wir dann endlich wieder einmal hier fort, irgendwie erinnert mich alles, was ich in die Hand nehme oder anschaue, an Jesus, es ist kaum auszuhalten."

„Gute Idee", meinte Kleopas, „das wird uns vielleicht ein wenig auf andere Gedanken bringen."

Doch nach kurzer Zeit auf dem Weg waren sie wieder bei den gleichen Fragen angelangt.

„Wir hätten bei ihm bleiben müssen, ihn vor sich selbst schützen", sagte Kleopas.

„Wir hätten ihn zwingen müssen, Jerusalem zu verlassen und sich in Sicherheit zu bringen", meinte auch Joschua.

„Und wie hättet ihr das tun wollen?", fragte plötzlich hinter ihnen eine Stimme.

Erschrocken und erstaunt drehten sich beide um. Sie waren so vertieft in ihr Gespräch gewesen, dass sie den Wanderer, der hinter ihnen ging, nicht herankommen gehört hatten.

„Notfalls gegen seinen Willen", antwortete Kleopas trotzig, als er seine Sprache wiedergefunden hatte.

„Nein, Freunde", sagte der Fremde, „ihr wisst doch eigentlich genau, dass das Unsinn ist. Jesus war doch nicht krank! Er wusste, worauf er sich da einlässt und auch, worauf es hinauslaufen würde. Er hatte alle seine Sinne beisammen und wollte es so und nicht anders. Man kann einen Menschen nicht beschützen, auch nicht vermeintlich vor sich selbst. Man kann Menschen nur lieben."

Kleopas und Joschua schauten den Fremden verstohlen von der Seite an. Woher wusste er so gut darüber Bescheid? Und warum hatten sie das Gefühl, dass seine Worte sie mitten ins Herz trafen?

Gemeinsam gingen sie weiter Richtung Emmaus. Immer wieder setzten Kleopas und Joschua an: „Aber wir hätten doch …" oder „Warum haben wir denn nicht …" Sie trauerten nicht nur um Jesus, sondern fühlten sich auch irgendwie mitschuldig an seinem Tod.

Doch der Fremde fiel ihnen immer wieder ins Wort: „Nein, hättet ihr nicht. Es nützt nichts, sich jetzt den Kopf über das zu zerbrechen, was hätte sein können, was ihr hättet anders machen können. Jesus war Jesus und er wollte es so, wie es gekommen ist. Lasst die Verantwortung bei ihm, er hätte das nicht anders gesehen. Hat er euch nicht sogar zornig verboten, ihn von seinem Vorhaben abzubringen? Er hat es so gewollt, das müsst ihr einfach anerkennen. Aber seht es vielleicht auch einmal so: Wenn ihr ihn nicht so geliebt hättet, wärt ihr jetzt nicht so traurig. Dann wäre es euch egal und ihr würdet einfach wieder euren Alltag aufnehmen. Er hat euch verändert, er hat alle verändert, mit denen er zu tun hatte. Euer Leben war reicher, schöner, vielleicht sogar sinnvoller als in der Zeit, in der ihr ihn nicht kanntet. Er hat euch etwas geschenkt, was euch niemand nehmen kann: Die Zeit mit ihm und eure wunderbare Erinnerung daran."

Unterdessen war es schon beinah dunkel geworden, als sie in Emmaus ankamen. Kleopas und Joschua hatten beschlossen, hier in einer Herberge zu übernachten und erst morgen wieder nach Hause zurückzukehren. Als sie dort ankamen und sich von dem fremden Wanderer verabschieden wollten, spürten sie, wie gut ihnen das getan hatte, was er ihnen unterwegs gesagt hatte. Und so lud Kleopas ihn ein: „Herr, bleib doch bei uns! Der Tag geht schon zu

Ende und es wird Abend. Iss und trink mit uns und sei unser Gast."

Der Fremde willigte ein und so saßen sie bald in der Gaststube vor gefüllten Schüsseln und Bechern. Plötzlich nahm der Fremde das Brot in die Hand, segnete es, brach es und gab Kleopas und Joschua davon. „Diese Geste", dachte Kleopas, „die kenne ich doch, das hat Jesus auch immer ..." Und da begriffen sie: Der Fremde war niemand anderes als Jesus selbst! Im selben Moment aber war er verschwunden. Doch das konnte die Freude der beiden Freunde nicht trüben!

„Kleopas, hast du es nicht auch gespürt? Hat dir nicht auch das Herz gebrannt, als er mit uns sprach?", rief Joschua voller Freude.

„Er lebt, Joschua, der, der gestorben ist, lebt!" Kleopas tanzte durch die Wirtsstube. „Komm, hier hält mich nichts mehr! Lass uns nach Jerusalem zurücklaufen und es den anderen sagen: Der Tod hat nicht das letzte Wort. Die Liebe ist stärker als der Tod!"

Und so liefen sie den ganzen Weg zurück, den sie gekommen waren, und noch weiter bis Jerusalem, um den anderen, die um Jesus trauerten, die frohe Botschaft zu verkünden.

Nach Lukas 24,13–35

Quellenverzeichnis

Wir danken folgenden AutorInnen und Verlagen für die freundlich erteilte Abdruckerlaubnis:

Bickel, Margot
    Die Faszination des Lebens …, aus: Dies., Pflücke den Tag,
    ©Verlag Herder GmbH, Freiburg im Breisgau, 2008

Bonhoeffer, Dietrich
    Widerstand und Ergebung, ©1998, Gütersloher Verlagshaus,
    Gütersloh, in der Verlagsgruppe Random House GmbH

Bosmans, Phil
    Scherben, aus: Ders., Blumen des Glücks musst du selbst pflan-
    zen, aus dem Niederländischen übertragen und bearbeitet von
    Ulrich Schütz, ©Verlag Herder GmbH, Freiburg im Breisgau,
    3. Auflage 2007, S. 74

Busta, Christine
    Informationen für Gäste. Aus: Christine Busta, Der Atem des
    Wortes, 3. Auflage, ©2011 Otto Müller Verlag Salzburg

Cardenal, Ernesto
    Es ist eine Lüge zu behaupten …, aus: Ernesto Cardenal, Das
    Buch von der Liebe, ©Peter Hammer Verlag Wuppertal, Neu-
    ausgabe 2004

Cratzius, Barbara
    Bruder Erinnerung, ©Rechte bei den Erben

Daiker, Angelika / Seeberger, Anton
    Dunkelheit, aus: dies., Wortbrüche. Klagegebete für Trauernde,
    © Schwabenverlag AG, Ostfildern 2011, S. 34

Daiker, Angelika / Seeberger, Anton
    Ich hätte, aus: dies., Wortbrüche. Klagegebete für Trauernde,
    ©Schwabenverlag AG, Ostfildern 2011, S. 93

Daiker, Angelika / Seeberger, Anton
    Wohin mit mir?, aus: dies., Wortbrüche. Klagegebete für Trauern-
    de, © Schwabenverlag AG, Ostfildern 2011, S. 15

Domin, Hilde
    Bitte. Aus: dies., Gesammelte Gedichte. ©S.Fischer Verlag
    GmbH, Frankfurt am Main 1987

Domin, Hilde
Die schwersten Wege. Aus: dies., Gesammelte Gedichte.
©S. Fischer Verlag GmbH, Frankfurt am Main 1987

Eckert, Siegfried
schwere wege, aus: Ders., Gott in den Ohren liegen, Gebete,
©KREUZ VERLAG in der Verlag Herder GmbH, Freiburg im
Breisgau, 2008, S. 67

Eckert, Siegfried
trampelpfad nach emmaus, aus: Ders., Gott in den Ohren liegen,
Gebete, © KREUZ VERLAG in der Verlag Herder GmbH, Freiburg im Breisgau, 2008, S. 68

Exner, Richard
Gloria, Mit Genehmigung des Radius-Verlags entnommen aus:
Richard Exner: Gedichte 1953-1991, ©1994 by Radius Verlag,
Alexanderstr. 162, 70180 Stuttgart

Gibran, Khalil
Vom Tod, aus: Khalil Gibran, Der Prophet. Übersetzt aus dem
Englischen von Karin Graf, ©Patmos-Verlag der Schwabenverlag
AG, Ostfildern 2010 (ursprünglich erschienen im Walter Verlag,
Zürich 1973), S. 89ff.

Grün, Anselm
Dein Beten wird in der Zeit der Trauer …, aus: Ders., Bis wir
uns im Himmel wiedersehen, ©KREUZ VERLAG in der Verlag
Herder GmbH, Freiburg im Breisgau, 7. Auflage 2011, S. 10–13

Grün, Anselm
Wundere dich nicht …, aus: Ders., Bis wir uns im Himmel
wiedersehen, ©KREUZ VERLAG in der Verlag Herder GmbH,
Freiburg im Breisgau, 7. Auflage 2011, S. 8–10

Hesse, Hermann
Die Kraft des Genießens …, aus: Hermann Hesse, Lektüre für
Minuten. Gedanken aus seinen Büchern und Briefen. Heraus-
gegeben von Volker Michels. ©Suhrkamp Verlag Frankfurt am
Main 1971

Kaléko, Mascha
Keiner wartet, aus: Mascha Kaléko: In meinem Träumen läutet es
Sturm. ©1977 Deutscher Taschenbuch Verlag, München

Kaléko, Mascha
Memento, Aus: ‚Verse für Zeitgenossen'. Erschienen im Rowohlt
Taschenbuch Verlag, Reinbek, © 1975 Gisela Zoch-Westphal

Kaschnitz, Marie Luise
Glauben Sie, aus: Marie Luise Kaschnitz, Werke, Band 5. ©Insel
Verlag Frankfurt am Main und Leipzig 1985

Kaschnitz, Marie Luise
Nicht mutig, aus: Marie Luise Kaschnitz, Werke, Band 5. ©Insel
Verlag Frankfurt am Main und Leipzig 1985

Kessler, David
Berry Berenson Perkins …, aus: Elisabeth Kübler-Ross/David
Kessler, Geborgen im Leben, Wege zu einem erfüllten Dasein,
© KREUZ VERLAG in der Verlag Herder GmbH, Freiburg im
Breisgau, Neuausgabe 2010, S. 156f.

Kessler, David
Es gibt viele Stufen der Heilung der Trauer …, aus: Elisabeth
Kübler-Ross/David Kessler, Geborgen im Leben, Wege zu einem
erfüllten Dasein, ©KREUZ VERLAG in der Verlag Herder GmbH,
Freiburg im Breisgau, Neuausgabe 2010, S. 94f.

Kübler-Ross, Elisabeth
Von den Sterbenden haben wir …, aus: Elisabeth Kübler-Ross/
David Kessler, Geborgen im Leben, Wege zu einem erfüllten
Dasein, ©KREUZ VERLAG in der Verlag Herder GmbH, Freiburg
im Breisgau, Neuausgabe 2010, S. 82

Maggauer-Kirsche, Anke
Nun fällt ein Blatt, ©Rechte bei der Autorin

Merkel, Carola
Trotz allem, ©Rechte bei der Autorin

Naegeli, Antje Sabine
Aufgehoben in deinem Verstehen (Auszug), aus: Dies., Die
Nacht ist voller Sterne, Gebete in dunklen Stunden, ©Verlag
Herder GmbH, Freiburg im Breisgau, 23. Gesamtauflage 2011,
S. 113

Naegeli, Antje Sabine
Ich möchte bei dir sein, aus: Dies., Die Nacht ist voller Sterne,
Gebete in dunklen Stunden, ©Verlag Herder GmbH, Freiburg
im Breisgau, 23. Gesamtauflage 2011, S. 39

Naegeli, Antje Sabine
Trennung bestehen, aus: Dies., Du hast mein Dunkel geteilt, Gebete an unerträglichen Tagen, ©Verlag Herder GmbH, Freiburg
im Breisgau, 27. Gesamtauflage 2011, S. 51f.

Naegeli, Antje Sabine
Versöhnung mit Vergangenem, aus: Dies., Die Nacht ist voller
Sterne, Gebete in dunklen Stunden, ©Verlag Herder GmbH,
Freiburg im Breisgau, 23. Gesamtauflage 2011, S. 30f.

Naegeli, Antje Sabine
Wenn die Last zu schwer wird (Auszug), aus: Dies., Du hast mein
Dunkel geteilt, Gebete an unerträglichen Tagen, ©Verlag Her-
der GmbH, Freiburg im Breisgau, 27. Gesamtauflage 2011, S. 13

Rohr, Richard
Die Dunkelheit ist auch ein heiliger Ort ..., aus: Ders., Hoffnung
und Achtsamkeit, Der spirituelle Weg für das 21. Jahrhundert,
©Verlag Herder GmbH, Freiburg im Breisgau, Neuausgabe
2010, S. 272f.

Sachs, Nelly
Wie leicht wird Erde sein, aus: Nelly Sachs, Werke. Kommen-
tierte Ausgabe, Band 2: Gedichte 1951-1970. ©Suhrkamp Verlag
Berlin 2010

Saint-Exupéry, Antoine de
Der Kleine Prinz, ©1950 und 2008 Karl Rauch Verlag, Düssel-
dorf

Schneider, Isabella
Hoffnung, dies., Leuchtende Sternkristalle am Weg. Unterwegs
im Dezember, ©2009 Verlag am Eschbach der Schwabenverlag
AG, Eschbach/Markgräflerland

Schneider, Isabella
Lass dich fallen, dies., Leuchtende Sternkristalle am Weg. Unterwegs im Dezember, ©2009 Verlag am Eschbach der Schwabenverlag AG, Eschbach/Markgräflerland

Schneider, Isabella
Wo bist du, aus, dies., Leuchtende Sternkristalle am Weg. Unterwegs im Dezember, ©2009 Verlag am Eschbach der Schwabenverlag AG, Eschbach/Markgräflerland

Sölle, Dorothee
Ich glaube schon ..., aus: Dies., Mystik des Todes, ©KREUZ
VERLAG in der Verlag Herder GmbH, Freiburg im Breisgau,
4. Auflage 2004, S. 143

Sölle, Dorothee
Johannes 20 vers 13, aus: Dorothee Sölle: Zivil und ungehorsam,
Gedichte, ©Wolfgang Fietkau Verlag, Kleinmachnow

Sölle, Dorothee
Mir sind die Novembertage …, aus: Dies., Mystik des Todes,
©KREUZ VERLAG in der Verlag Herder GmbH,
Freiburg im Breisgau, 4. Auflage 2004, S. 34f.

Steinwart, Anne
Die Hoffnung, ©Rechte bei der Autorin

Steinwart, Anne
Nach Hause, ©Rechte bei der Autorin

Wilder, Thornton
Die Brücke von San Luis Rey. ©S. Fischer Verlag GmbH,
Frankfurt am Main 1951

Wolff, Angelika
Besuch, ©Rechte bei der Autorin

Zenetti, Lothar
Kleines Liebeslied, aus: Lothar Zenetti, Auf Seiner Spur. Texte
gläubiger Zuversicht (Topos Plus 327), ©Matthias-Grünewald-
Verlag der Schwabenverlag AG, Ostfildern, 4. Auflage 2006

Zenetti, Lothar
Totenklage, aus: Lothar Zenetti, Auf Seiner Spur. Texte gläubiger
Zuversicht (Topos Plus 327), ©Matthias-Grünewald-Verlag der
Schwabenverlag AG, Ostfildern, 4. Auflage 2006

Zink, Jörg
Du erzähltest, aus: Ders., Trauer hat heilende Kraft, ©KREUZ
VERLAG in der Verlag Herder GmbH, Freiburg im Breisgau,
9. Auflage 2008, S. 8

Zink, Jörg
Es ist gut …, aus: Ders., Trauer hat heilende Kraft, ©KREUZ
VERLAG in der Verlag Herder GmbH, Freiburg im Breisgau,
9. Auflage 2008, S. 24

Zink, Jörg
Es ist im Grunde selbstverständlich …, aus: Ders., Die Mitte der
Nacht ist der Anfang des Tages, Bilder und Gedanken zu den
Grenzen unseres Lebens, © KREUZ VERLAG in der Verlag
Herder GmbH, Freiburg im Breisgau, Neuausgabe 2010, S. 5

Zink, Jörg
   Ich will dir sagen, was dir hilft …, aus: Ders., Trauer hat heilende
   Kraft, ©KREUZ VERLAG in der Verlag Herder GmbH, Freiburg
   im Breisgau, 9. Auflage 2008, S. 11

Zink, Jörg
   Wenn dich plötzlich …, aus: Ders., Trauer hat heilende Kraft,
   ©KREUZ VERLAG in der Verlag Herder GmbH, Freiburg
   im Breisgau, 9. Auflage 2008, S. 36

Leider war es uns trotz sorgfältiger Recherchen nicht möglich,
alle Rechtsinhaber ausfindig zu machen. Für Hinweise sind Verlag
und Herausgeberin dankbar.